DIRECCIÓN EDITORIAL / MANAGING EDITOR
Carolina Di Bella

EDICIÓN GENERAL / EDITORS:
Henry von Wartenberg
Pablo Vaca

PRODUCCIÓN / PRODUCTION:
Triple Ve Editores
(tripleve@xlnet.com.ar)
ByD Contenidos Editoriales S.A.
(info@bydcontenidos.com.ar)

ARTE Y DISEÑO / ART AND DESIGN:
Estudio GMZ
(estudiogmz@arnet.com.ar)

INVESTIGACIÓN PERIODÍSTICA / RESEARCH:
Tania Domenicucci

TRADUCCIÓN / TRANSLATION:
Dolores Schenone

CORRECCIÓN / PROOFREADING:
Aníbal Yuchak

REVISIÓN DE LA VERSIÓN EN INGLÉS / REVIEW OF THE ENGLISH TEXT:
Celeste Varela

ILUSTRACIONES / ILLUSTRATIONS:
Alejandro Zabalo

Vaca , Pablo
Esquinas de Buenos Aires/ Street corners of Buenos Aires / Pablo Vaca y Henry von Wartenberg - 1a ed. - Buenos Aires: Ediciones B, 2005.
96 p.; 21x21 cm.

ISBN 987-1222-07-6

1. Buenos Aires-Fotografías I. von Wartenberg, Henry, II. Título
CDD 770.

Esquinas de Buenos Aires
Street corners of Buenos Aires
Pablo Vaca y Henry Von Wartenberg
1ra. edición

Av. Paseo Colón 221, Piso 6
Ciudad Autónoma de Buenos Aires, Argentina

ISBN 987-1222-07-6

Impreso por Platt Grupo Impresor, Santa María del Buen Aire 456, Buenos Aires - Argentina, en el mes de septiembre de 2005.

Queda hecho el depósito que establece la Ley 11.723.
Libro de edición argentina

Esquinas de Buenos Aires

Street corners of Buenos Aires

Fotos/Photographs by:
Henry von Wartenberg

Textos/Texts by:
Pablo Vaca

Ediciones B
Grupo Zeta

Barcelona • Bogotá • Buenos Aires • Caracas • Madrid • México D.F. • Montevideo • Quito • Santiago de Chile

Prólogo

Paredes que hablan

Existen tres motivos que convierten a una esquina en memorable: su trascendencia histórica, su belleza arquitectónica o su relevancia para la vida social de la ciudad. En las páginas que siguen hay casi medio centenar de ejemplos representativos en lo que a Buenos Aires respecta. Son intersecciones, bares, iglesias, bancos o construcciones que conjugan al menos una de aquellas razones. Por eso aparecen en este libro que, como siempre sucede al elegir un criterio de selección, no deja de ser arbitrario en cuanto a su contenido: algún porteño seguramente quedará indignado por la ausencia de tal o cual esquina, esencial según él. Pero ese mismo porteño no podrá dejar de admitir que, sin dudas, las que sí están son magníficos testimonios de la historia y de la vida de su ciudad.

Altas, bajas, añosas, recientes, públicas, privadas, escenarios de romances, testigos de tragedias: todas estas esquinas tienen algo para decir y para mostrar. Con la sola mención de las calles cuya intersección les da origen, estos puntos evocan imágenes en la mente de los habitantes de Buenos Aires. Encierran mitos, leyendas. Describen comportamientos, pertenencias. Hablan de un modo de ser o de otro. Son parte básica de ese conjunto de códigos que el nativo de una ciudad desentraña instintivamente y que al visitante puede llevarle décadas descifrar.

Este libro abre la puerta de entrada a esas claves domésticas. Recordará al porteño historias olvidadas y presentará al turista hechos, tradiciones y fábulas. Pasen y vean.

Talking walls

There are three reasons that make a street corner memorable: its historic trascendence, its architectonic beauty or its relevance in the social life of its city. In the next pages you'll find in that respect some fifty clear examples with reference to the city of Buenos Aires. These are intersections, bars, churches, banks or constructions that convey at least one of these reasons. That is why they were chosen for this book that, as it always happens when choosing the selection criteria, is arbitrary in its contents. Of course, there will be *porteños* who will feel angry at the absence of some street corners that are essencial to them. But those same people will surely admit that the ones present are, without any doubt, magnificent representatives of life and history of this city. Tall, small, old, new, public or private buildings, romance settings, tragedy witnesses: all these corners have something to say and to show. Just the mentioning of these crossing streets evoques images in the mind of everyone in Buenos Aires. They enclose myths and legends. They describe behaviours and a sense of belonging. They talk about being one way, or another. They are a basic part of that set of codes that are naturally understood by a city's native and that can take decades for a visitor to decipher.

This book opens the door to those domestic codes. It will remind the *porteño* of many forgotten stories and will present the tourist with facts, traditions and fables. Come inside and have a look.

Caminito

La Boca

Mundialmente famoso por el tango de Gabino Coria Peñaloza y Juan de Dios Filiberto (*"Caminito que el tiempo ha borrado/ que juntos un día nos viste pasar/ he venido por última vez/ he venido a contarte mi mal..."*), el pasaje-museo Caminito devino lo que hoy es: una visita obligada para los turistas que pasan por Buenos Aires. En él se sintetiza, con sus adoquines y conventillos de chapas pintadas de vivos colores, el espíritu del barrio de La Boca, la zona elegida para instalarse por las decenas de miles de inmigrantes italianos que poblaron la Argentina entre 1880 y 1930. Hoy, convertido en un paseo peatonal, Caminito alberga a artistas callejeros y es vecino del Teatro de la Ribera, el Museo de Bellas Artes Quinquela Martín y la Vuelta de Rocha, desde donde se tiene una vista panorámica del puente de hierro Nicolás Avellaneda, sobre el Riachuelo.

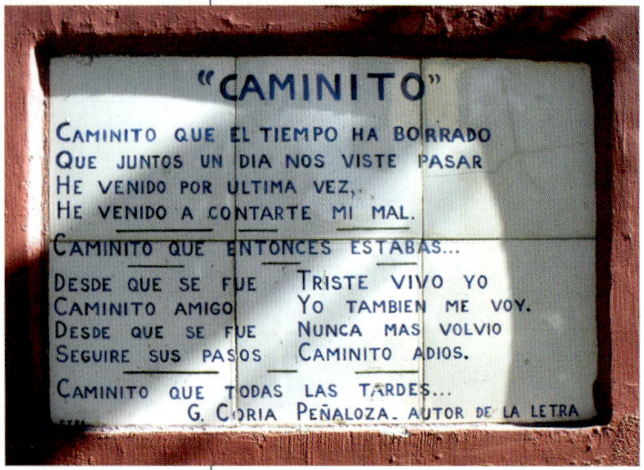

World-famous due to the tango by Gabino Coria Peñaloza and Juan de Dios Filiberto (*"Caminito que el tiempo ha borrado/ que juntos un día nos viste pasar/ he venido por última vez/ he venido a contarte mi mal..."*), the museum-passageway *Caminito* turned out to be a mandatory stop for every tourist visiting Buenos Aires. The spirit of *La Boca* neighborhood is embodied by *Caminito*, with its stone paving and tenements walls covered with bright colored metal sheets. This was the place chosen by thousands of Italian immigrants who came to Argentina between 1880 and 1930. Today, a walkway, *Caminito* is the outdoor studio of many street artists and it's adjacent to the *Teatro de la Ribera*, the *Museo de Bellas Artes Quinquela Martín* and the *Vuelta de Rocha*, from where there is a panoramic view of the iron bridge Nicolás Avellaneda, over the Riachuelo.

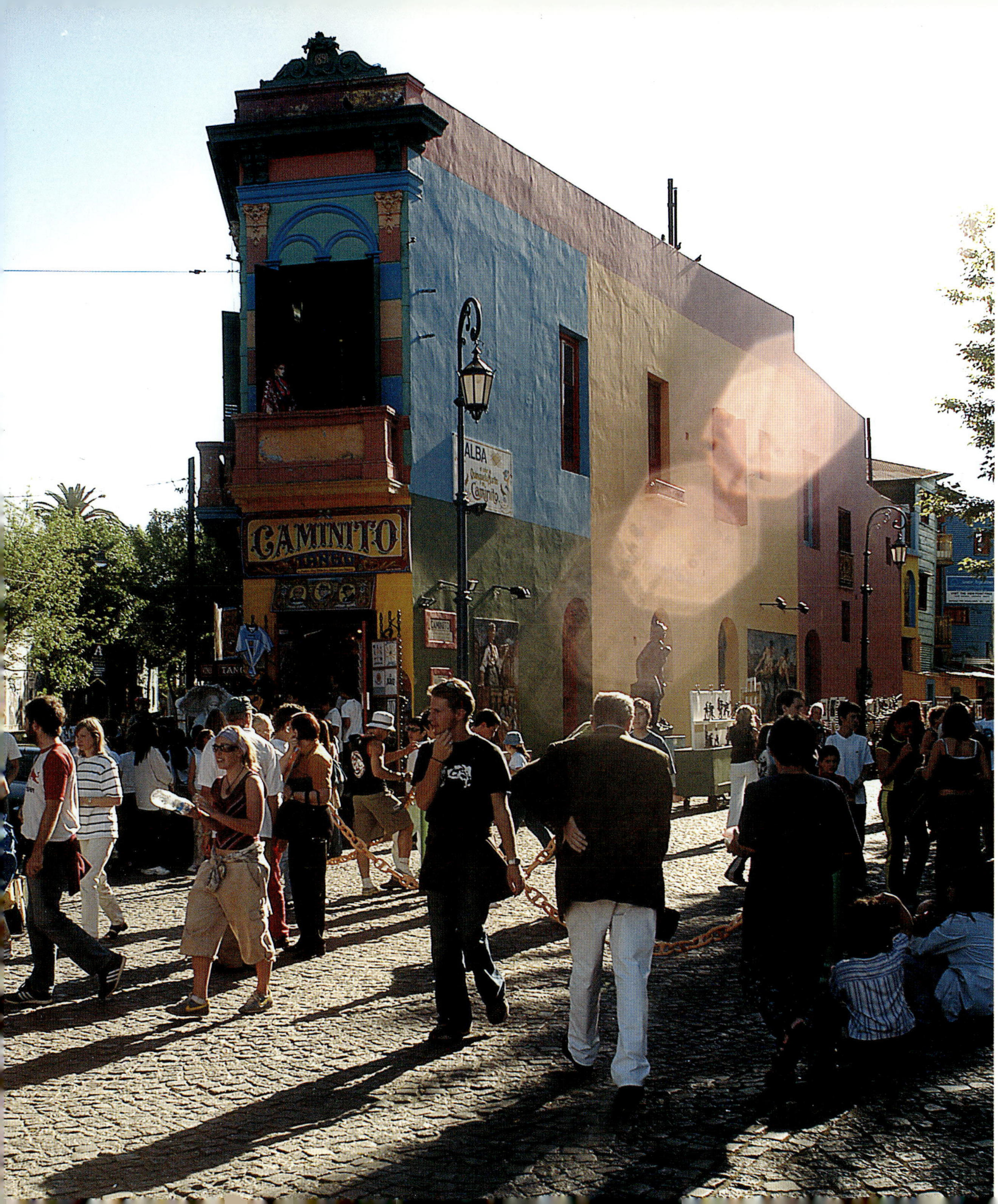
CAMINITO
ALBA
Caminito

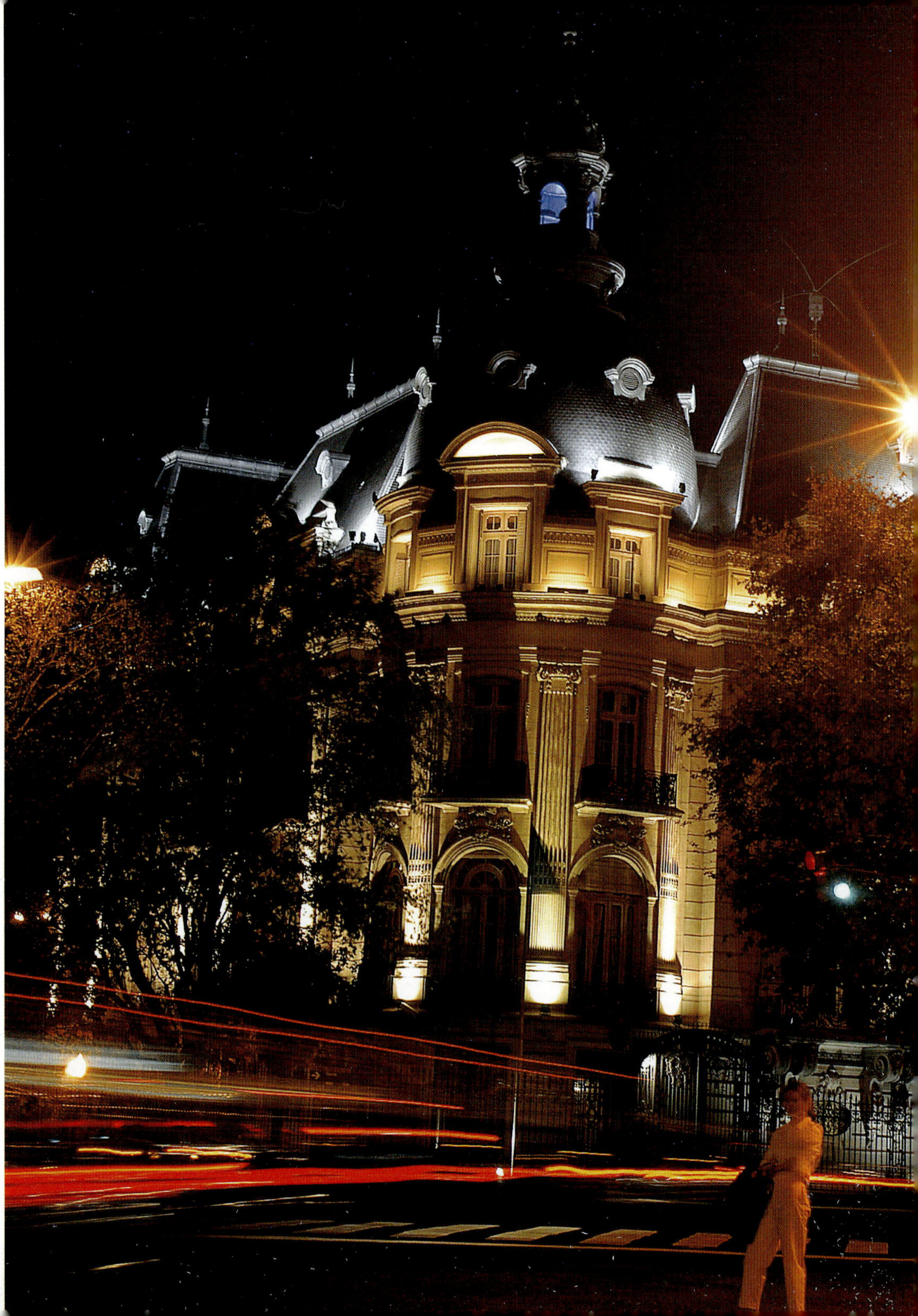

Arroyo & Cerrito

Embajada de Francia
French Embassy

La Residencia Ortiz Basualdo es uno de los más acabados ejemplos de la influencia francesa en la arquitectura de Buenos Aires. Fue construida en 1921 según el proyecto del arquitecto Paul Pater y, además de un emblema del buen gusto, constituye un símbolo de la manera en que vivía la alta sociedad porteña de la época, que repartía su tiempo entre París, Buenos Aires y sus estancias (en el caso de los Ortiz Basualdo, se trataba de las 5.000 hectáreas de "La Magdalena"). Los planos fueron modificados para que luciera cuatro frentes, previendo la ampliación de la Avenida 9 de Julio. El edificio tiene tres pisos y se distinguen su cúpula de pizarras y el trabajo de herrería de los balcones y la reja. Fue adquirido por el gobierno francés en 1939 y desde entonces es la sede de la Embajada de ese país.

Ortiz Basualdo Residence is one of the perfect examples of the French influence in Buenos Aires' architecture. It was built in 1921, designed by architect Paul Pater and besides being the epitome of good taste, it also constitutes a symbol of the manner in which Buenos Aires' high society lived at the time. They divided their time between Paris, Buenos Aires and their country estates (in the case of the Ortiz Basualdo it was *La Magdalena*, a five thousand hectares property). The plans were modified so it would have four facades, anticipating the enlargement of 9 de Julio Avenue. It is a three-storey building with a remarkable slate dome and wonderful ironwork on the balconies and the gates. It was acquired by the French government in 1939 and has since been home to the French Embassy.

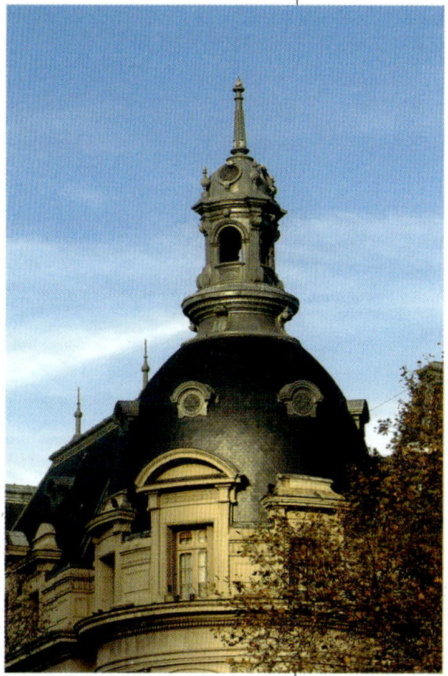

Puerto Madero Norte
North Puerto Madero

En 1899, a un costo de siete millones de libras esterlinas, se terminó de construir el puerto de Buenos Aires, diseñado a instancias del empresario Eduardo Madero. Apenas diez años después, quedó obsoleto y el movimiento de barcos se mudó al Puerto Nuevo, que continúa funcionando. Los docks, silos, grúas y otras instalaciones quedaron abandonados hasta 1991, cuando se comenzó la remodelación de los cuatro diques, respetando en las fachadas los ladrillos a la vista y las vigas de hierro fundido originales, que se mezclaron naturalmente con los edificios modernos. Hoy la zona es uno de los nuevos centros porteños, con oficinas, departamentos y los mejores restaurantes. Un punto destacado resulta el Puente de la Mujer, proyectado por el prestigioso arquitecto catalán Santiago Calatrava, sobre la avenida Azucena Villaflor.

In 1899, with a cost of seven million pounds, the construction of Buenos Aires port was finished. It was designed by the entrepreneur Eduardo Madero. Merely ten years afterwards, it became obsolete and the ships were moved to *Puerto Nuevo*, which is still functional. The piers, silos, cranes and other facilities remained abandoned until 1991, when the recycling of the four docks started, maintaining the original brick facades and cast-iron beams, which blended naturally with the modern buildings. Today the area is one of the new civic centers in Buenos Aires, filled with office buildings, apartments and some of the best restaurants. One of its outstanding sights is the *Puente de la Mujer* (bridge of the Woman). It was designed by the prestigious Catalan architect Santiago Calatrava and it stands over the Azucena Villaflor Avenue.

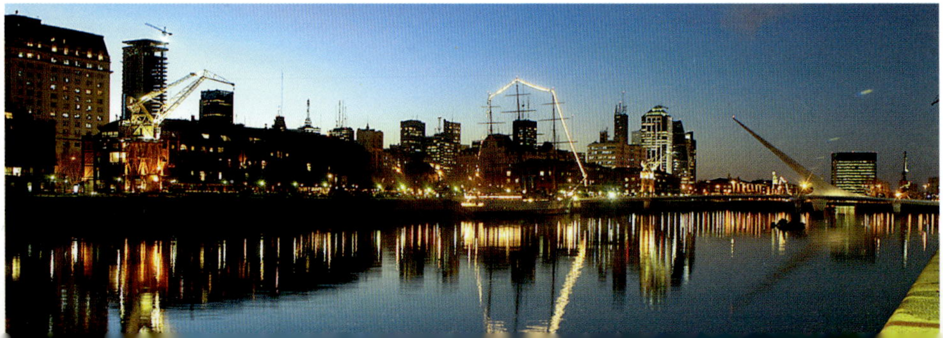

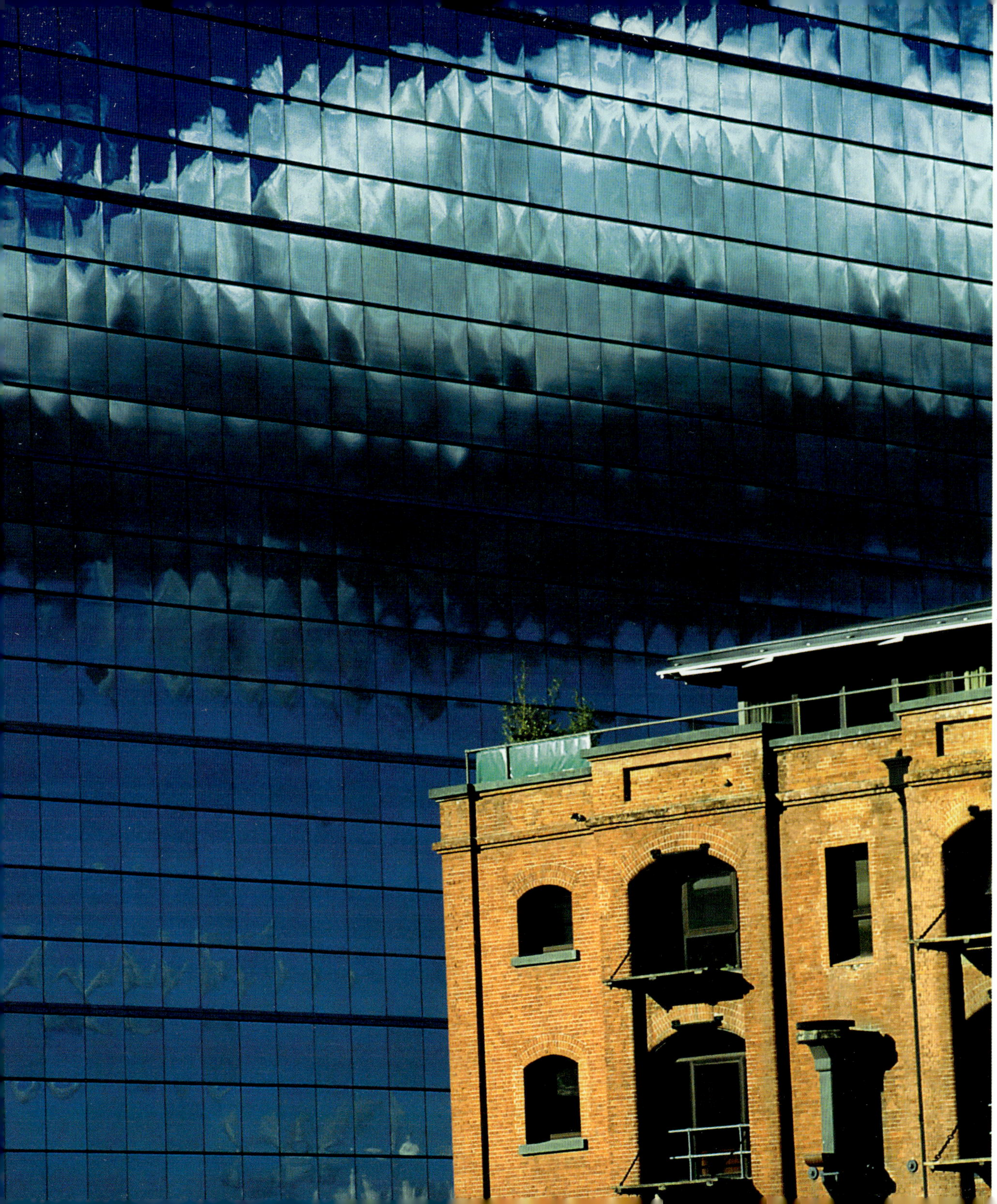

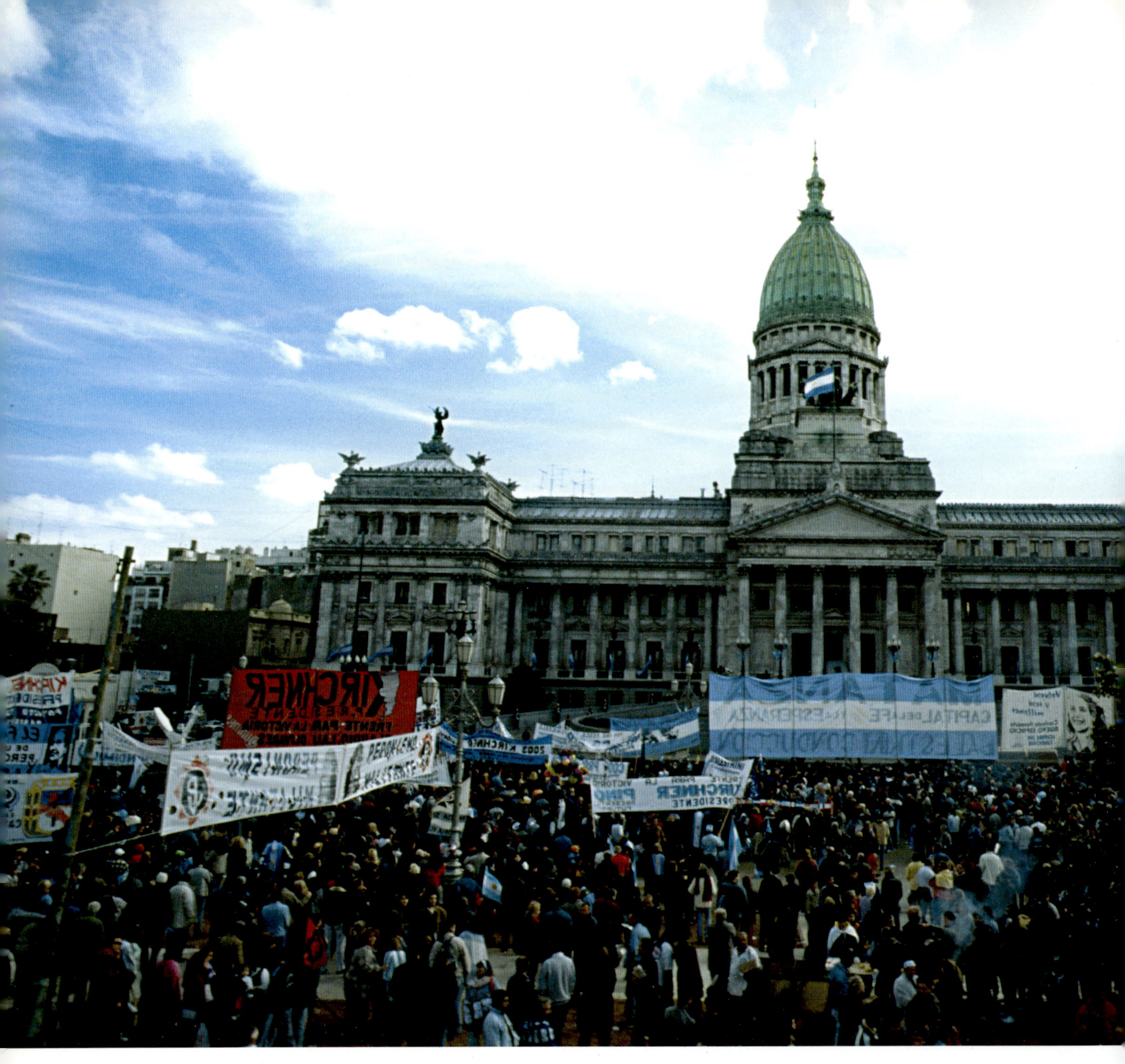

Callao & Rivadavia

El Congreso
The Congress Palace

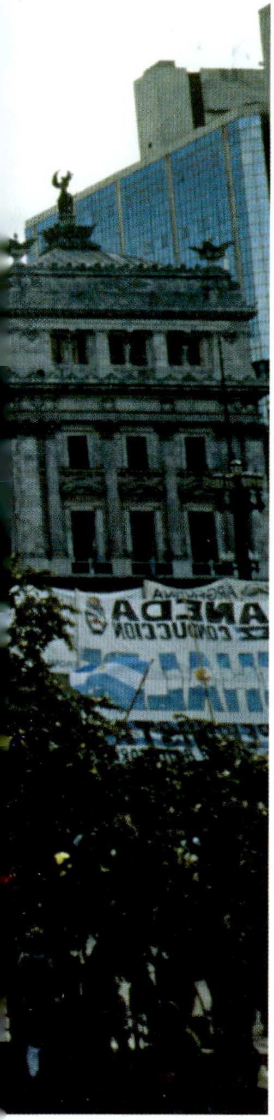

Obviamente influida por la presencia del Congreso de la Nación, la esquina de Callao y Rivadavia representa un importante centro de la vida política argentina y fue escenario de grandes manifestaciones. El arquitecto italiano Víctor Meano y su colega belga Julio Dormal son los responsables del diseño del edificio, erigido entre 1898 y 1906, del que destaca la cúpula de 80 metros de alto revestida en bronce. En la esquina de enfrente se halla la mítica confitería El Molino, hoy cerrada, un edificio de estilo *art nouveau* construido en 1914 y proyectado por el arquitecto italiano Francesco Teresio Gianotti, a cuyos elegantes salones concurrían las grandes personalidades del país.

Clearly influenced by the presence of the National Congress Palace, the corner of Callao and Rivadavia represents one of the centers of Argentina's political life and has been the site of many demonstrations. The Italian architect Víctor Meano and his Belgian colleague Julio Dormal were responsible for the design of the building, which was constructed between 1898 y 1906. Its most remarkable feature is the 80 meters high dome which is completely covered in bronze. Across the street we find the mythic café *El Molino*. Its *art nouveau* structure was built in 1914, designed by the Italian architect Francesco Teresio Gianotti. Today it is closed, but its rooms were once filled by Argentina's socialites and celebrities.

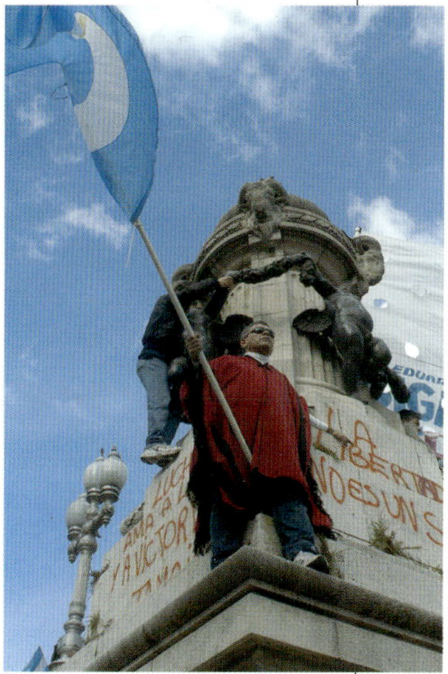

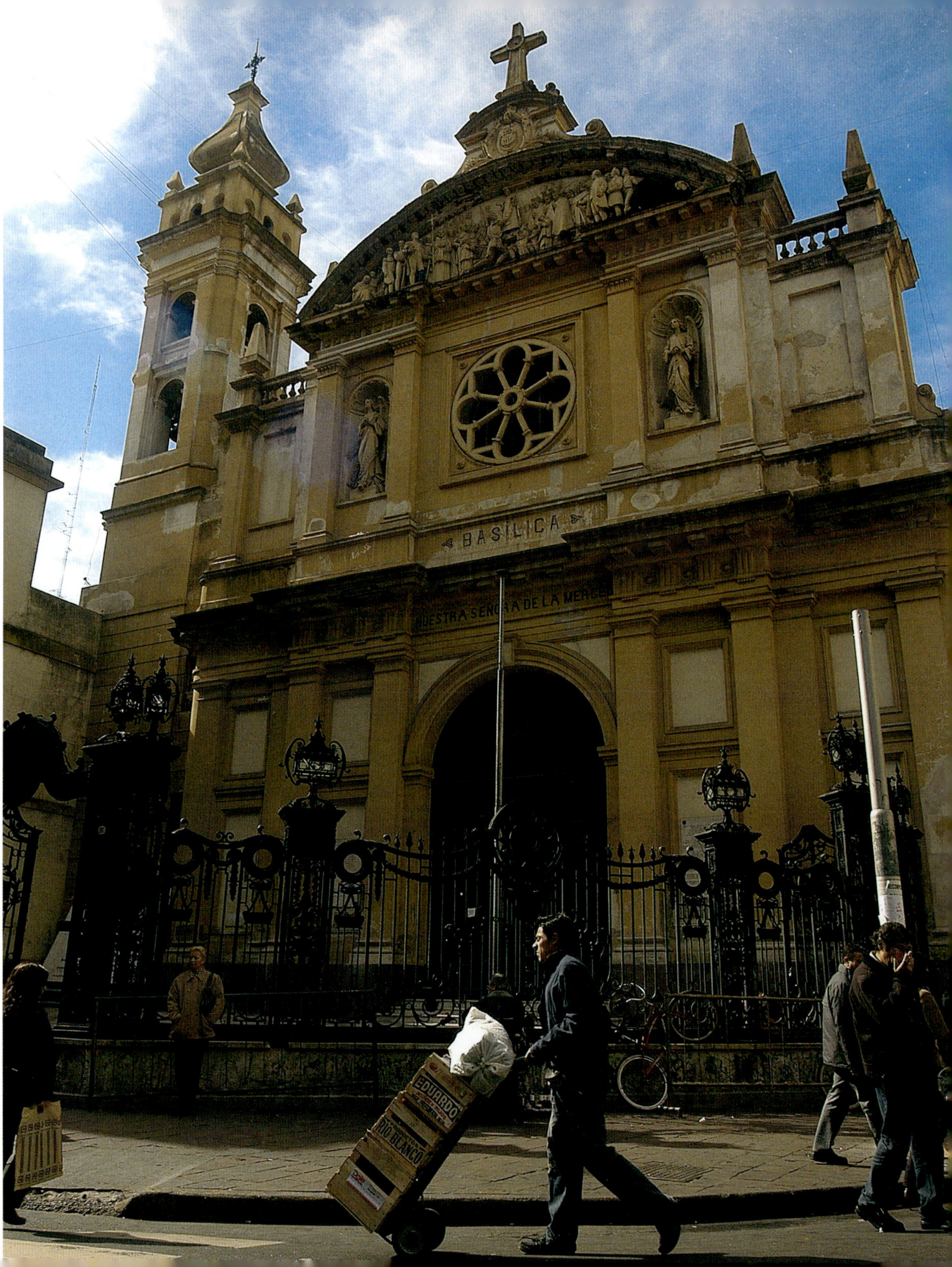
BASILICA
NUESTRA SEÑORA DE LA MERCE
EDUARDO
RIO BLANCO

Nuestra Señora de la Merced

En 1806, los ingleses invadieron por primera vez Buenos Aires, que entonces era la capital del Virreinato del Río de la Plata. Fueron rechazados por las tropas comandadas por Santiago de Liniers, quien dirigió el ataque a la Plaza Mayor (hoy Plaza de Mayo) desde el atrio de esta Basílica. En 1604 ya existía una Iglesia de la Merced, reemplazada en la segunda mitad del siglo XVII. La actual es la tercera, habilitada en 1733 y terminada en 1779. Los altares siguen los estilos barroco y rococó y poseen valiosas imágenes religiosas, entre las que se destaca el *Cristo de la Humildad y la Paciencia*, del siglo XVIII. En el frontis se agregó un grupo escultórico que representa a Belgrano ofreciendo el bastón de mando del Ejército del Norte a la Virgen de la Merced.

1806 was the year of the first English invasion to Buenos Aires, which at the time was the capital city of the viceroyalty of the *Río de la Plata*. Invaders were repelled by the troops commanded by Santiago de Liniers, who directed the attack to *Plaza Mayor* (today, *Plaza de Mayo*) from the apse of this Basilica. In 1604 there was already an *Iglesia de la Merced*, which was replaced during the seventeenth century. The present one is the third. It first opened in 1733 and was finished in 1779. The altars are of baroque and rococo style and have several religious images, the most remarkable being the *Christ of Humility and Patience*, from the eighteenth century. Years later a sculptural set was added to the facade. It represents general Belgrano handing the baton of the Northern Army to the *Virgen de la Merced*.

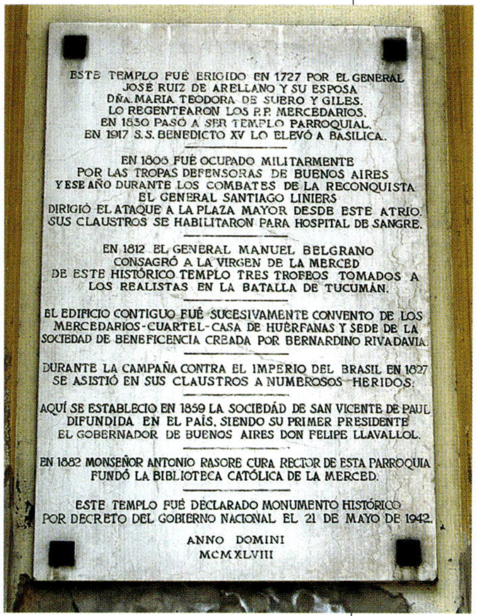

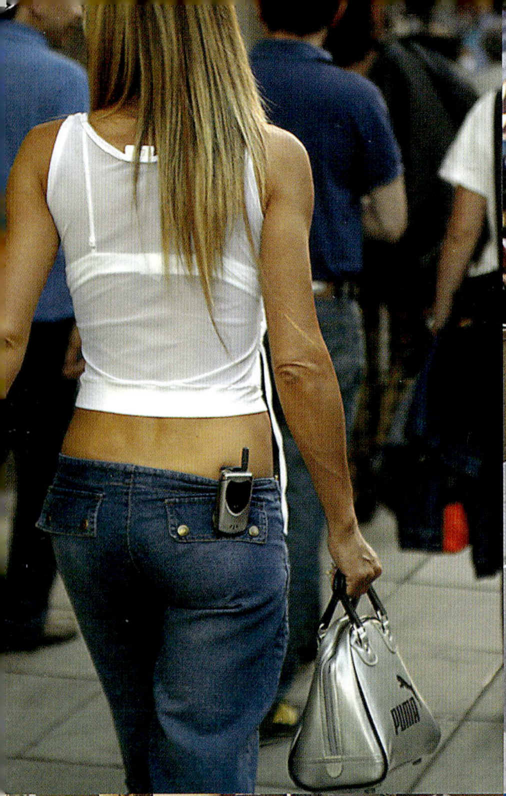
PUMA

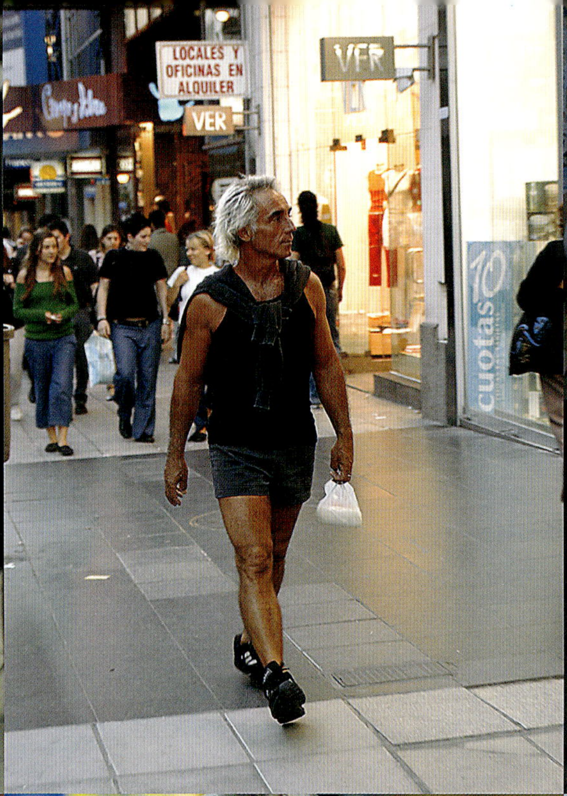
LOCALES Y
OFICINAS EN
ALQUILER
VER
VER
10
cuotas

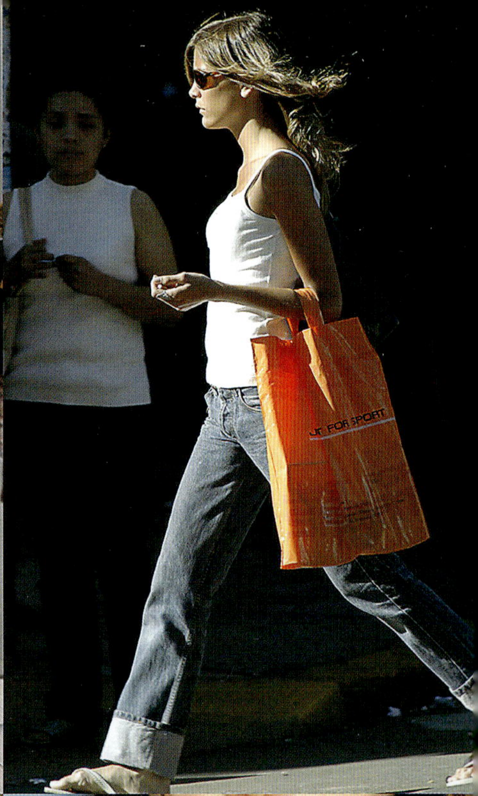

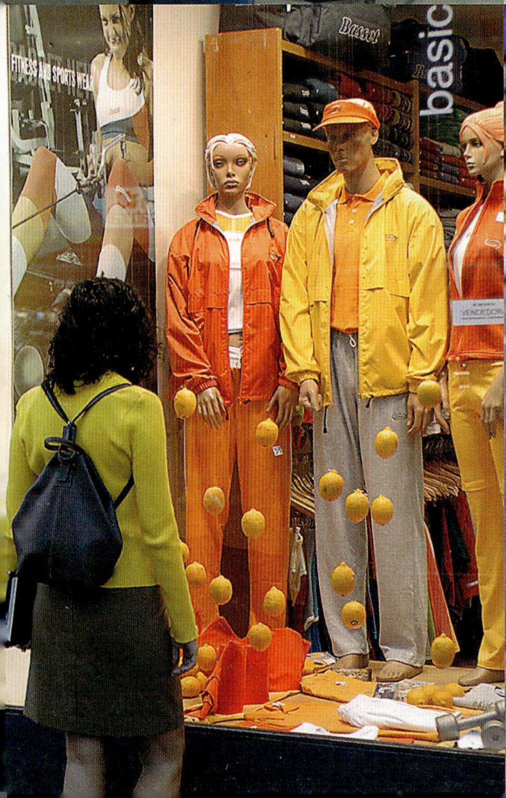
basic

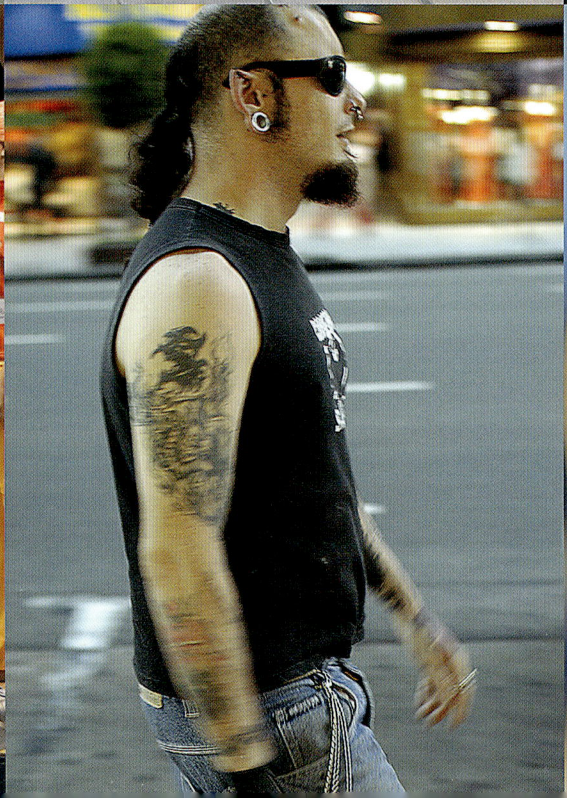

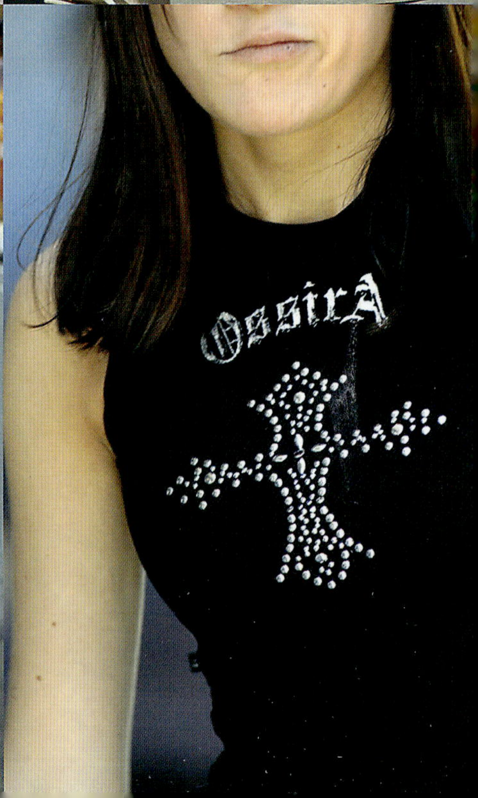

Callao & Santa Fe

Barrio Norte

El cruce de Callao y Santa Fe reúne a dos de las avenidas más clásicas de la ciudad y es el corazón del distinguido Barrio Norte, uno de los barrios (como Once y Congreso) que en realidad no existen en los mapas oficiales. Su fisonomía fue cambiando con el paso de los años, pero sin perder la belleza de sus edificios con cúpulas de estilo francés. Gracias a sus cafés, cines y librerías, es un punto de encuentro para miles de porteños. Tampoco faltan en la zona, de gran actividad comercial, los locales de las mejores marcas de ropa, por lo cual es un paseo clásico caminar por allí para hacer compras o mirar vidrieras.

The corner of Callao and Santa Fe joins two of the most characteristic avenues in Buenos Aires and is the heart of the distinguished Barrio Norte, one of the neighborhoods (such as Once and Congreso) which the official maps don't show. Its appearance has changed throughout the years; however, it hasn't lost the beauty given by the French style domes of its buildings. Thanks to its cafés, movie theatres and bookstores it has remained the meeting point for thousands of *porteños*. Being a highly commercial area, it is filled with the best clothing stores, making it a favorite spot when it comes to shopping.

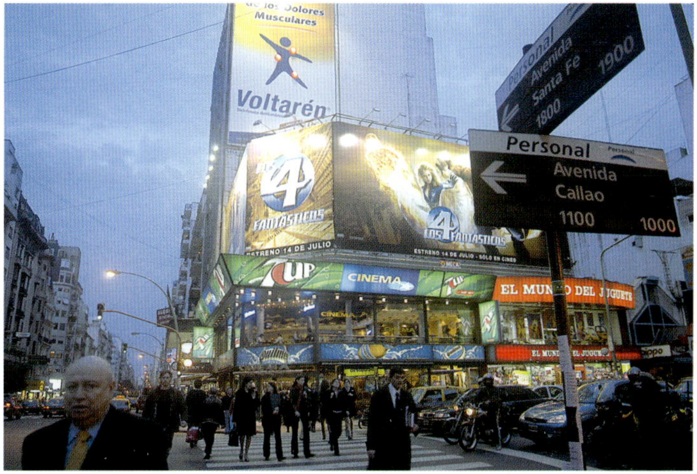

Balcarce & Independencia

El Viejo Almacén

Decir tango y pensar en "El Viejo Almacén" resulta casi automático. Su fachada pintada a la cal, sus ventanas bajas, su toldo rayado y la bandera argentina flameando en el techo lo convierten en un lugar inconfundible del barrio de San Telmo. La casona fue construida a fines del siglo XIX y en su fachada pueden verse aún las argollas con las que se ataba a los caballos. Otra característica muy peculiar –y señal de su antigüedad– consiste en la esquina sin ochava. Pero, más allá de sus detalles arquitectónicos, lo importante es el espíritu del lugar: fue hospital, asilo, almacén, vinería y restaurante y, en 1969, el legendario cantante Edmundo Rivero, inspirado en la letra del tango *Sentimiento gaucho*, de Canaro y Caruso, ideó este reducto para el mejor tango, cuyo escenario disfrutó de artistas increíbles como Osvaldo Pugliese, Aníbal Troilo y Roberto Goyeneche.

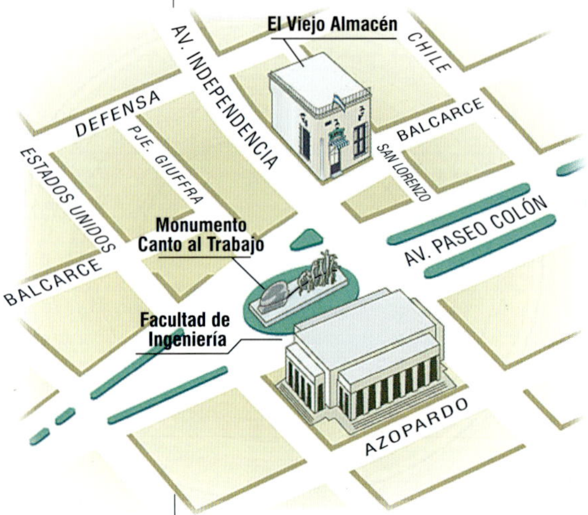

It is almost instantaneous to name Tango and think of "El Viejo Almacén". Its lime painted facade, its low windows, the striped marquee and the Argentinean flag fluttering on its roof make it an unmistakable spot in San Telmo neighborhood. The house was built at the end of the nineteenth century and on its frontage still hang the rings to which the horses were tied. Another very peculiar characteristic –and sign of its age– is the blind corner. But beyond its architectural details, the most important thing is the spirit of the place. It was once a hospital, an asylum, a groceries store, a winery and a restaurant, until in 1969 the legendary singer Edmundo Rivero, inspired by the lyrics of the tango *Sentimiento gaucho*, by Canaro and Caruso, created this place in which to enjoy tango's best. Its stage has been honored by incredible musicians such as Osvaldo Pugliese, Aníbal Troilo and Roberto Goyeneche.

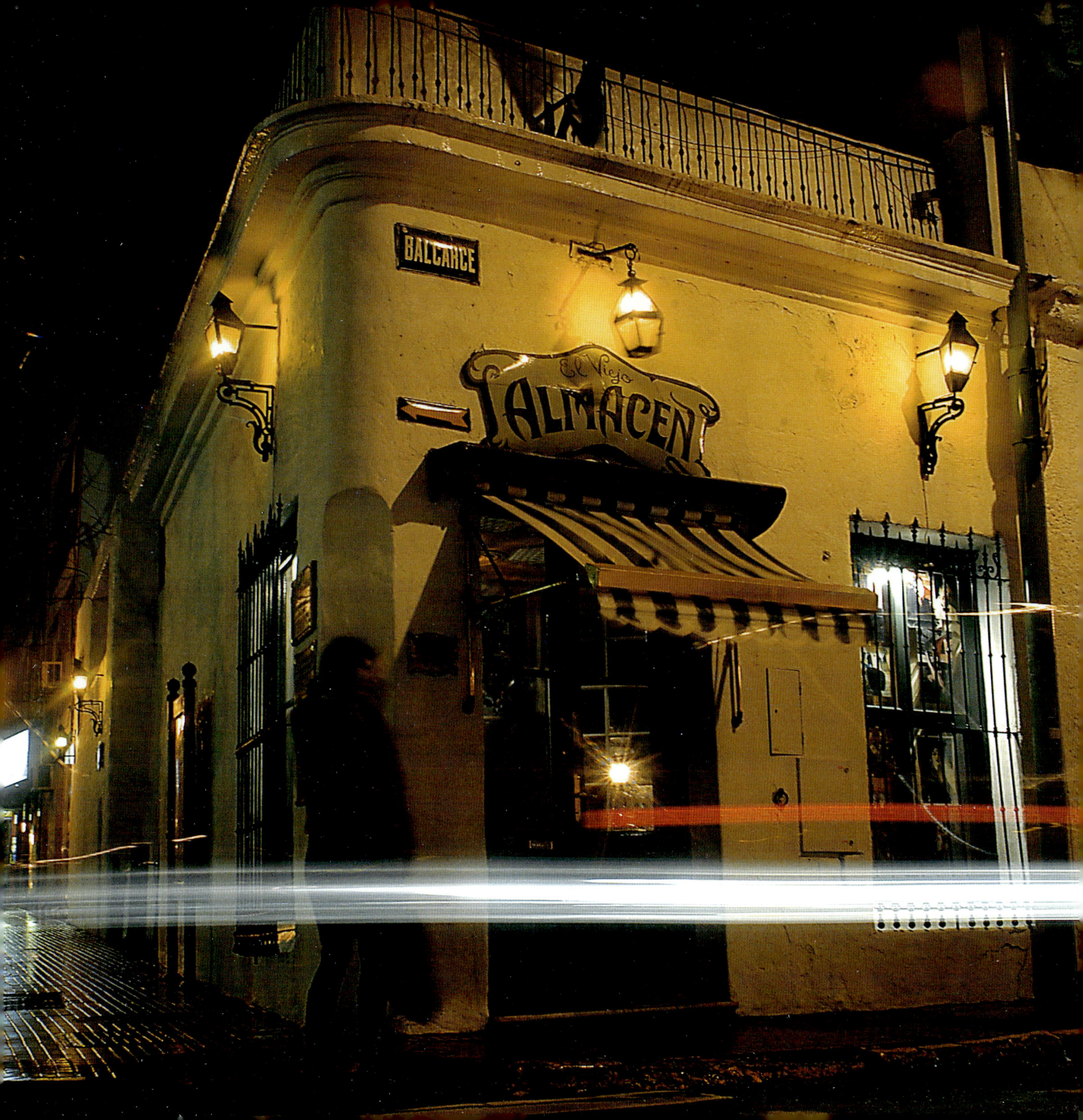
BALCARCE
El Viejo
ALMACEN

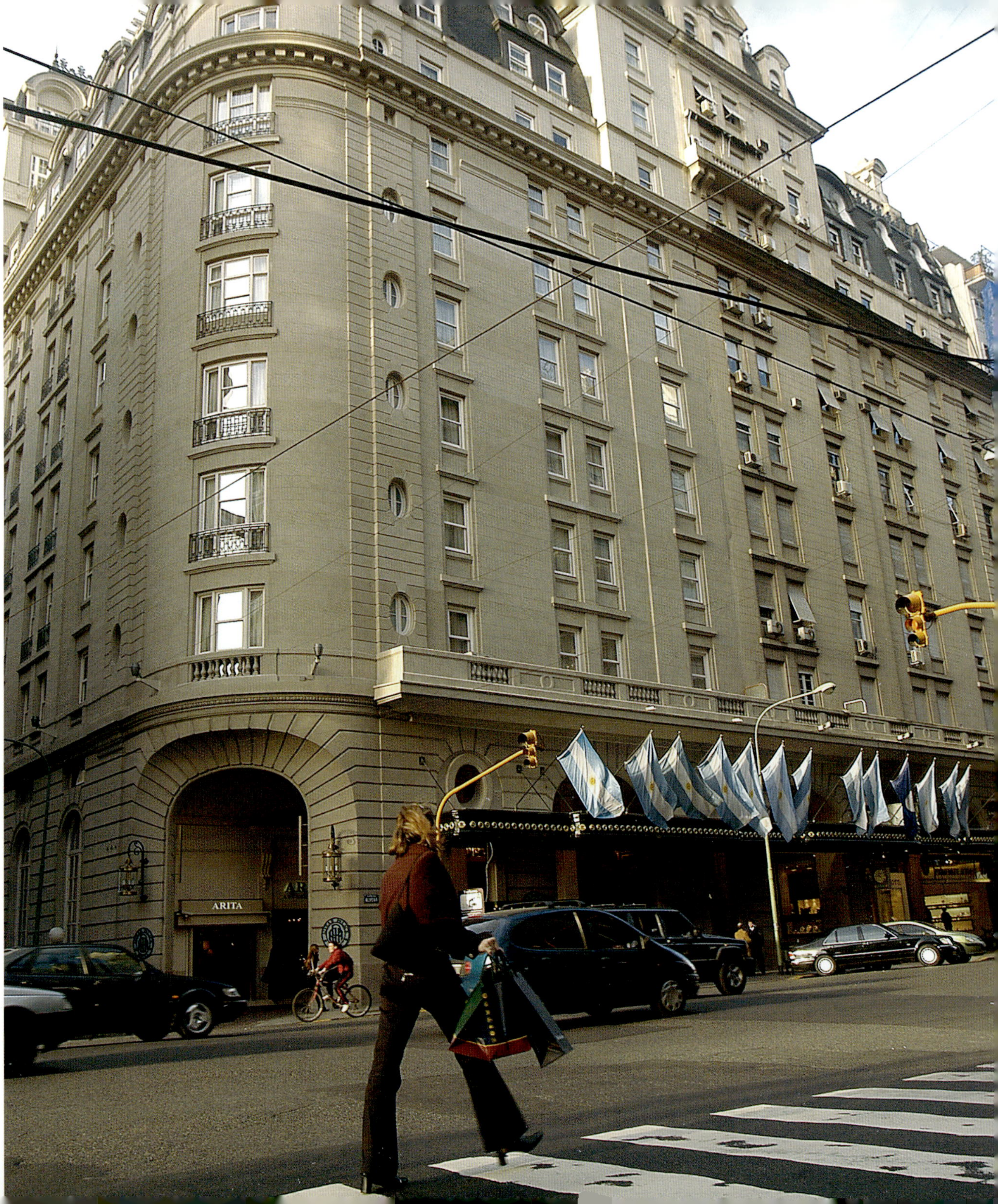
ARITA

Alvear & Ayacucho

Hotel Alvear
Alvear Palace Hotel

Inaugurado en 1932, en plena *Belle Epoque*, el Alvear Palace Hotel podría alzarse en pleno centro parisino sin desentonar. Y lo mismo puede decirse de los locales comerciales de los alrededores, ya que las marcas más exclusivas del mundo lucen sus vidrieras en esta zona. Declarado Patrimonio Arquitectónico e Histórico argentino, el hotel tiene 212 habitaciones destinadas a turistas VIP: dormir una noche bajo su techo cinco estrellas puede costar hasta 4.000 dólares. Entre otros, gozaron de este lujo los reyes de España, el presidente Jacques Chirac y el empresario Ted Turner. El edificio fue cuidadosamente restaurado en su totalidad en 2005: los mármoles de Carrara del frente y los pisos, la madera de peteribí de la *boisserie*, las arañas de cristal y las alfombras turcas e inglesas brillan hoy exactamente igual que setenta años atrás.

Opened in 1932, during the *Belle Epoque*, the Alvear Palace Hotel could very well be erected in downtown Paris without looking out of place. The same can be said about the stores in the neighborhood, since some of the most exclusive firms in the world display their windows in this area. It was named a Historical Monument by the City of Buenos Aires in 2003. The hotel has 212 rooms destined to VIP guests: a one night sleep under its five star roof can cost up to four thousand dollars. Among others, this luxury has been enjoyed by the King and Queen of Spain, President Jacques Chirac and entrepeneur Ted Turner. The complete building was carefully restored in 2005: the Carrara marbles of the facade, the floors, the *peteribí* wood of the *boisserie*, the crystal chandeliers and the English and Turkish rugs shine today just as they did seventy years ago.

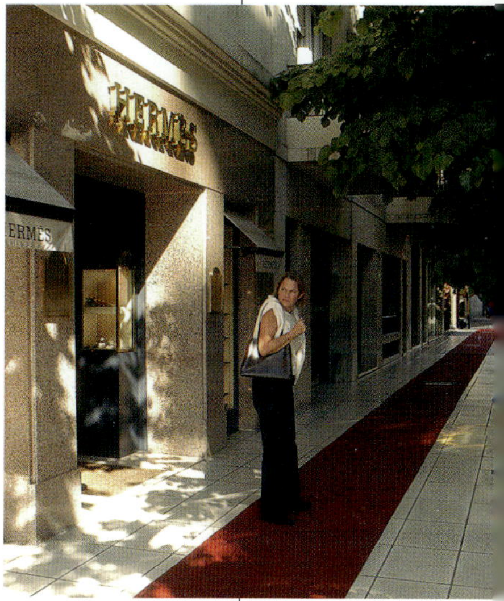

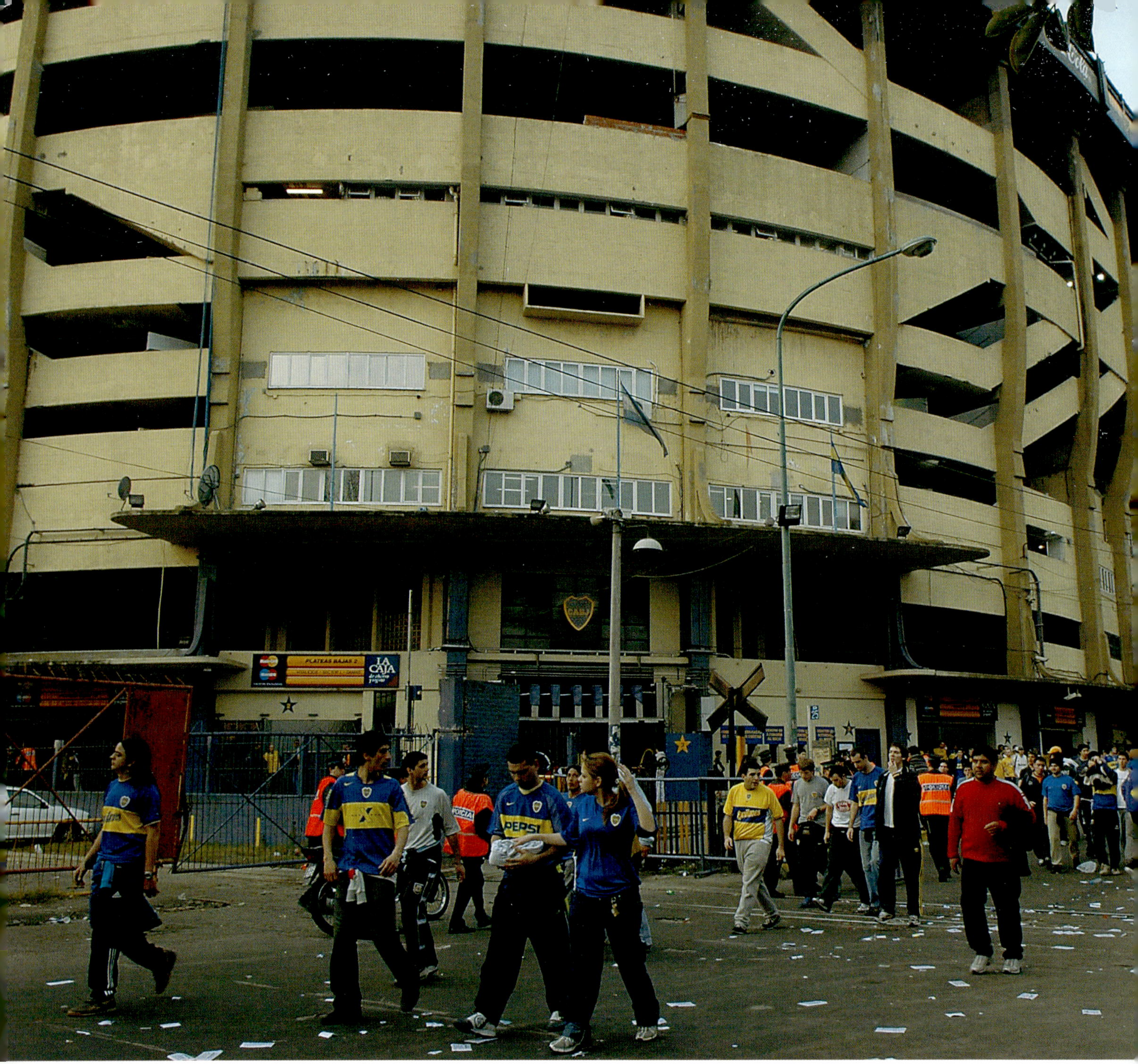
PLATEAS BAJAS 2
LA CAJA
CABJ
PEPSI

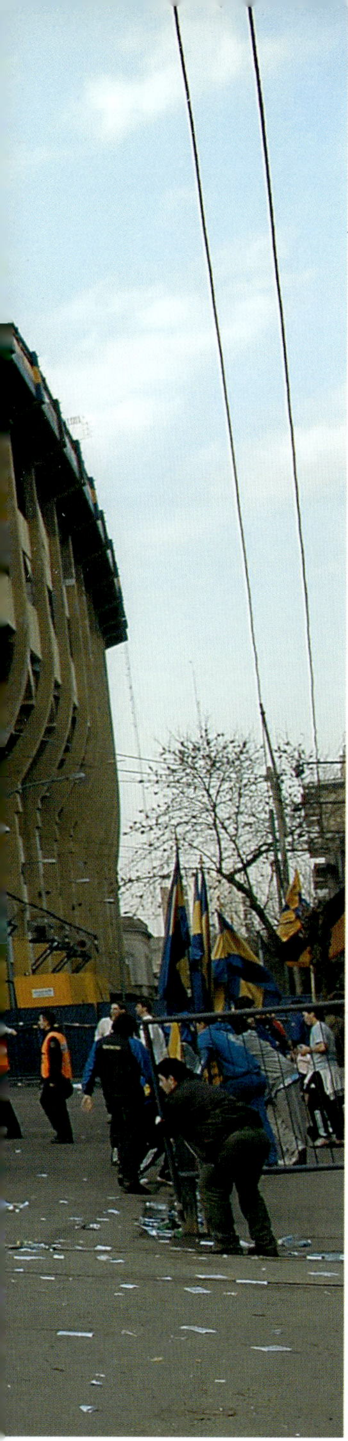

ALEJANDRO DEL BOSCO

Brandsen & Del Valle Iberlucea

La Bombonera

El estadio del Club Atlético Boca Juniors, inaugurado el 25 de mayo de 1940 con un partido en el que el equipo local venció a San Lorenzo por 2 a 0, es probablemente el mejor escenario del mundo para ver un partido de fútbol, no tanto por sus comodidades como por el entusiasmo de sus fanáticos, que llega a su pico cuando reciben a sus archi-rivales de River Plate. De hecho, dicen que la estructura vibra con los saltos y los cantos de los hinchas. En 1996 se realizó una reforma en la que se renovaron los palcos. Su capacidad es para casi 60.000 espectadores. Además, sobre el frente de la calle Del Valle Iberlucea se descubrieron dos murales del prestigioso pintor Jorge Pérez Celis.

The stadium of *Club Atlético Boca Juniors,* which was inaugurated on May 25th, 1940 with a game in which the local team beat *San Lorenzo* 2-0, is probably the best setting in the world to watch a football game. Not so much for the stadium's comfort, but for the enthusiasm shown by the team's fans which reaches its pinnacle when the team against its classic rival *River Plate*. It is said that the stadium's structure vibrates with the fan's singing and jumping. In 1996 the boxes were renovated making the stadium's capacity for sixty thousand spectators. And on the side of the street Del Valle Iberlucea Street, two murals by the famous painter Jorge Pérez Celis were revealed.

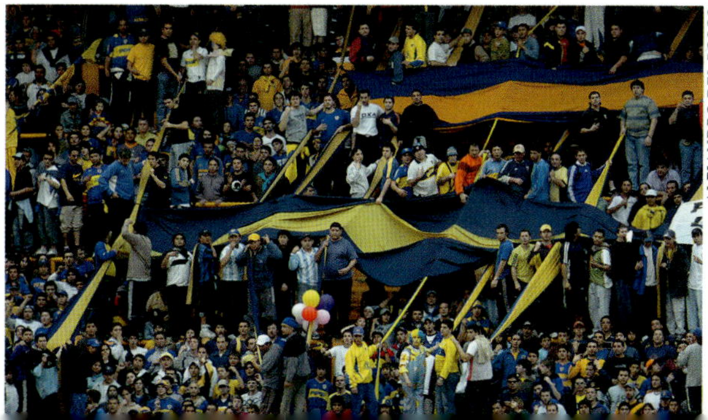

ALEJANDRO DEL BOSCO

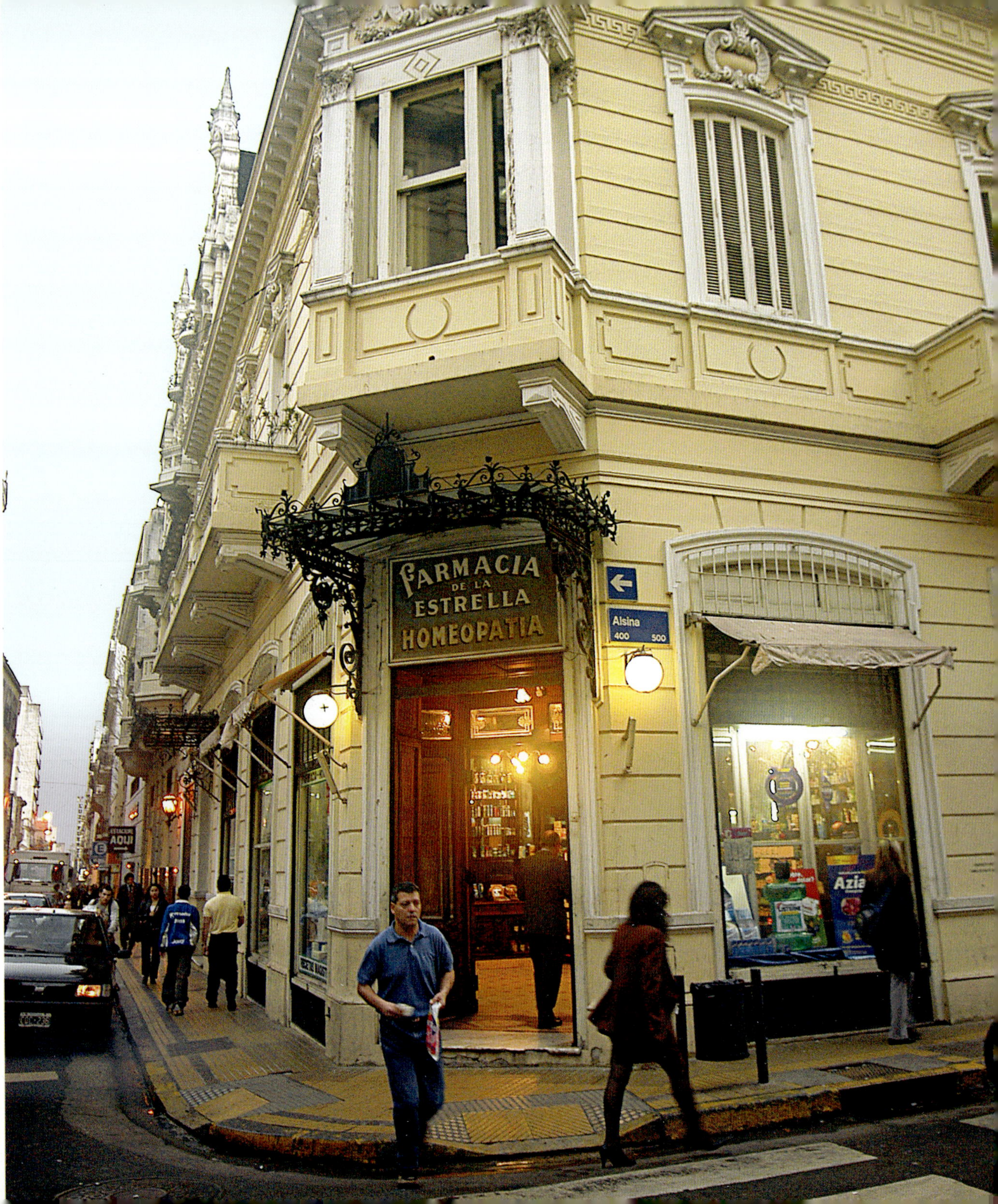
FARMACIA
DE LA
ESTRELLA
HOMEOPATIA
Alsina
400 500

Alsina & Defensa

La Estrella

La farmacia *La Estrella* es la más antigua de Buenos Aires: abrió en 1834 y se instaló en su actual local en 1885. Cuenta con estanterías de nogal italiano, frascos de cristal de Murano, mármoles de Carrara, pisos de mayólicas venecianas, marquesinas de hierro forjado y cielorrasos pintados por el artista Carlos Barberis alegóricos a la salud, la enfermedad, la farmacopea y la botánica. En sus salones celebraron tertulias grandes personajes de la historia argentina, como Bartolomé Mitre, Julio A. Roca y Carlos Pellegrini. Desde 1968 funciona en el primer piso el Museo de la Ciudad, dedicado a la conservación de documentos y objetos relacionados con la vida y las costumbres porteñas. Enfrente, en una esquina sin ochava, se encuentran los Altos de Elorriaga: se trata de una de las primeras casas de dos plantas, construida alrededor de 1820 por Juan Bautista Elorriaga y desde cuyo mirador se podía contemplar el río.

La Estrella (The Star) pharmacy is the oldest in Buenos Aires. It opened in 1834 and has been at this location since 1885. It has Italian walnut shelves, Murano crystal bottles, Carrara marbles, Venetian tile floors, a wrought iron verandah, and on its ceiling, murals by the artist Carlos Barberis allegoric to health, sickness, pharmacopoeia and botany. In its rooms, many social gatherings were held by great figures in Argentina's history, such as Bartolomé Mitre, Julio A. Roca and Carlos Pellegrini. The *Museo de la Ciudad (The City Museum)* is situated on the store's first floor. It was created in 1968 and its purpose is the conservation of documents and objects related to the life and customs of Buenos Aires. Across the street, on a blind corner, we find an intersection commonly referred to as *Altos de Elorriaga*: this was one of the first two-storey houses in the city. Built *circa* 1820 by Juan Bautista Elorriaga, and from its lookout, had a view of the river.

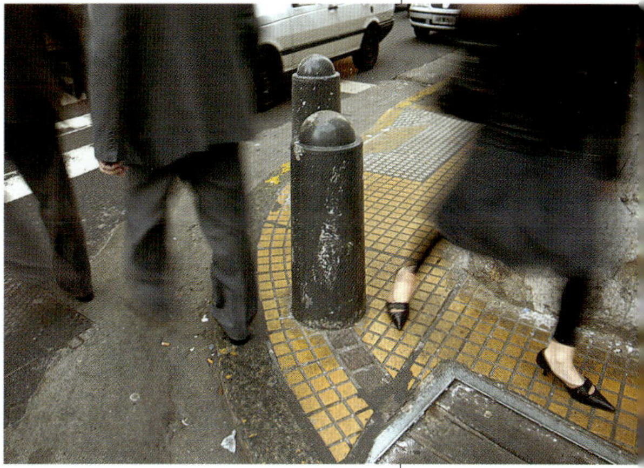

Figueroa Alcorta & Mariscal Castilla

El lapacho de Ezcurra

Además de la hermosa casona típica del barrio de Palermo Chico que se alza en esta esquina, lo importante en este caso es el árbol. Por cierto, un árbol famoso. Todos los años cuando florece, en un breve lapso de septiembre, el conocido historiador Félix Luna envía una carta de lectores al centenario diario *La Nación* anunciando que *"el lapacho que plantó el paisajista Martín Ezcurra ha florecido"* e invitando a todos a celebrarlo. Esta especie, presente en el noroeste de la Argentina, representa apenas una de las 500 que visten las calles porteñas: Buenos Aires tiene cerca de 400.000 árboles, con un promedio de entre 8 y 9 ejemplares por cuadra. La más abundante, con el 40 por ciento, es el fresno, y le siguen el plátano y el paraíso.

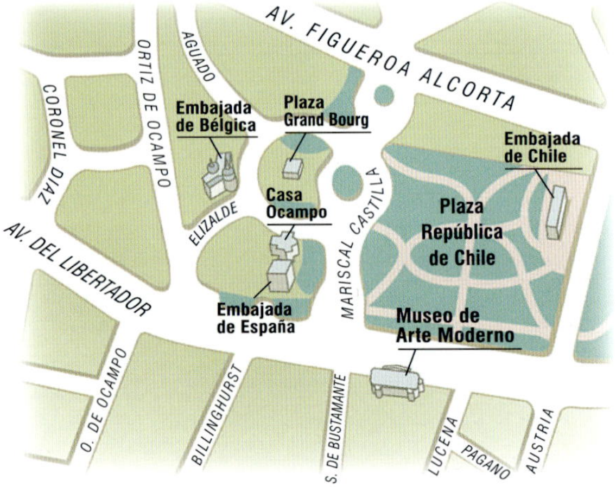

Even more than beautiful house, typical of *Palermo Chico* neighborhood, which is seen in this corner, what matters in this case is the tree. A famous tree it is, since every year, when it blossoms during a brief period in September, the well-known historian Félix Luna sends a letter to the centenary newspaper *La Nación* announcing: *"The lapacho planted by the landscaper Martín Ezcurra has just bloomed"* and inviting everyone to celebrate. This species, native of northern Argentina, represents only one of the five hundred present in the streets of Buenos Aires. The city has near to four hundred thousand trees, with approximately eight or nine per block. Forty percent of them are ash trees, followed closely by plane trees and chinaberry trees.

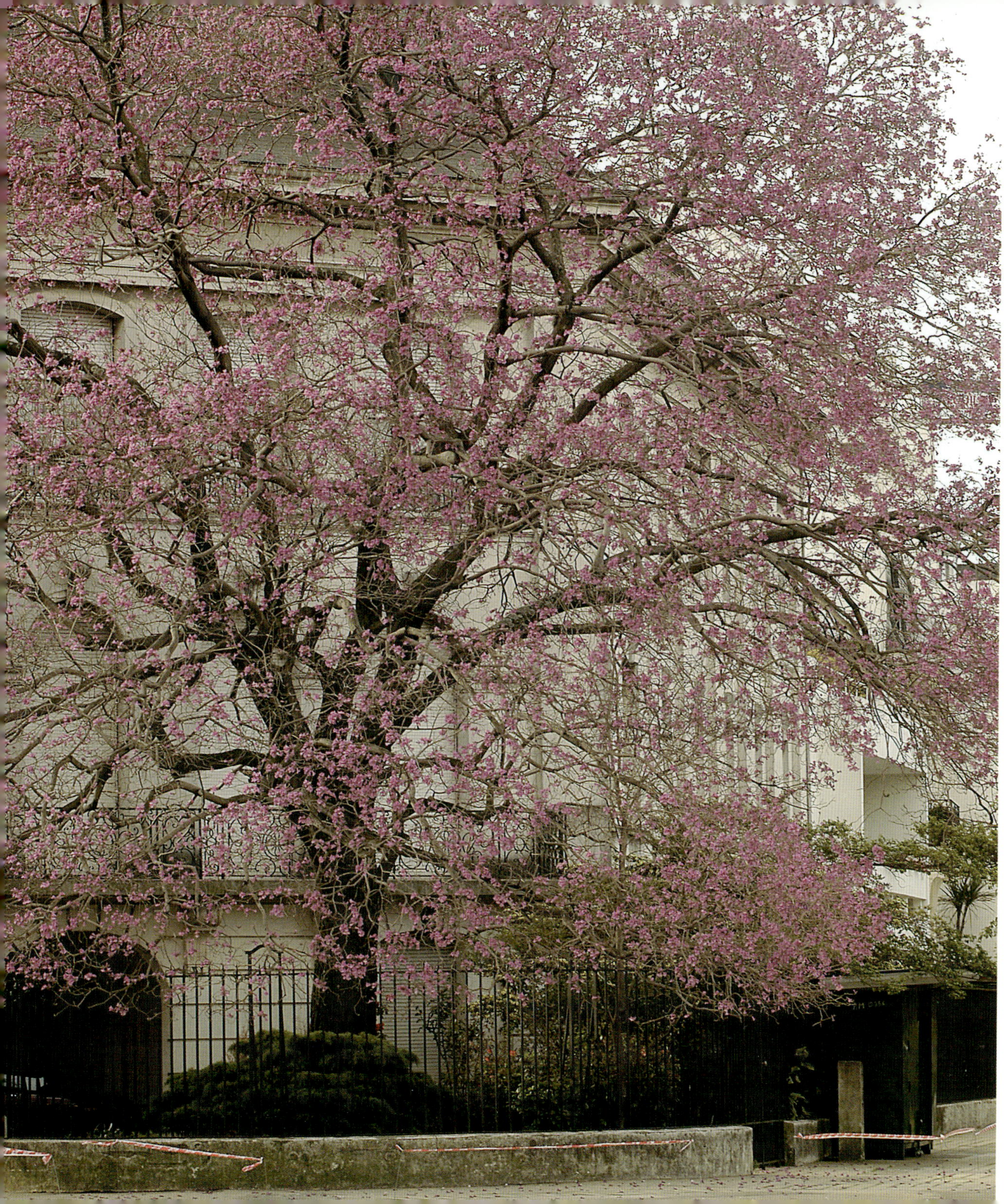

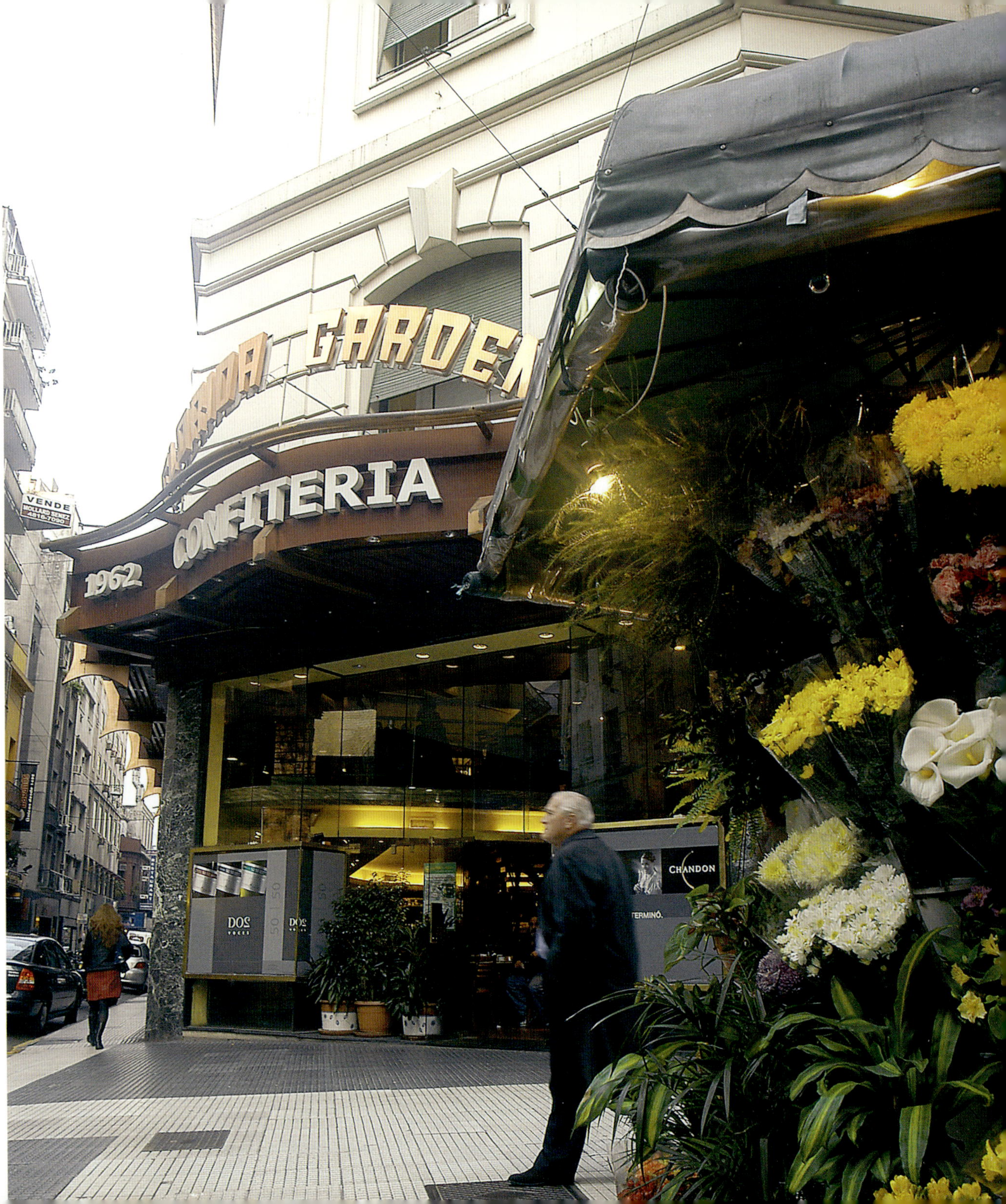
GARDEN
CONFITERIA
1962
VENDE
CHANDON
TERMINÓ.
DOS
DOS

Paraguay & Florida

Café Florida Garden
Florida Garden Café

Otro de los espacios emblemáticos de la ciudad. Fue inaugurado el 19 de septiembre de 1962 y sirvió de hábitat a los artistas e intelectuales que formaban parte del cercano Instituto Di Tella, que funcionó como usina de ideas durante esa década tan especial. Su interior se conserva casi intacto, con sus columnas, la escalera de bronce y las paredes de vidrio importadas de Inglaterra. Tiene dos pisos, cada uno con 21 mesas. Era uno de los lugares favoritos del escritor Jorge Luis Borges. Unas 25 personas de su personal trabajan allí desde su inauguración. Hoy sigue siendo el lugar ideal para sentarse a disfrutar, a la tarde, de un rico café y de una *cheese cake*, la especialidad de la casa.

This is another of the emblematic places in the city. It opened on September 19th 1962 and was home to many artists and intellectuals that were part of the nearby Di Tella Institute, which served as an ideas forging point during that exceptional decade. Its interior has been maintained almost intact, with its columns, its bronze stairway and the glass walls imported from England. It has two levels, with 21 tables on each one. This was one of the writer Jorge Luis Borges' most favorite places. Among the staff, there are about 25 people who've worked there since its inauguration. Today it still remains an ideal location to have a seat in the afternoon and enjoy a nice cup of coffee and a piece of cheesecake, one of its specialties.

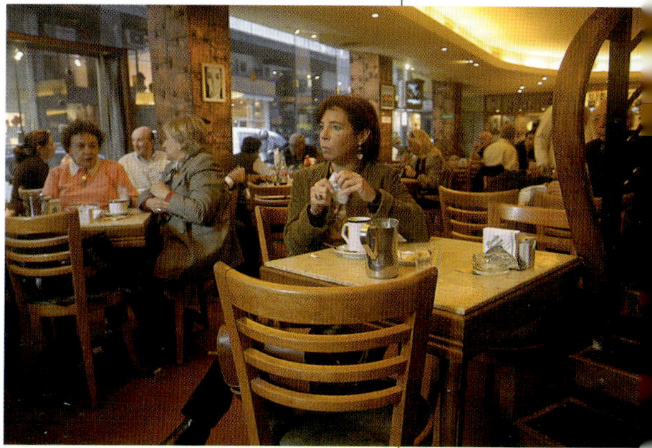

9 de Julio & Corrientes

El Obelisco

Este cruce de avenidas legendarias (la 9 de Julio es reivindicada por los porteños como *"la más ancha del mundo"*; Corrientes es *"la que nunca duerme"*) encierra al mayor ícono de la ciudad: allí, en la Plaza de la República, se alza el Obelisco, de 67 metros de altura, inaugurado durante las celebraciones por el cuarto centenario de la primera fundación de Buenos Aires, en febrero de 1936. Es también el sitio elegido por los porteños para los grandes festejos populares, como las victorias de la Selección en los campeonatos mundiales de fútbol. El tránsito del lugar, finalmente, resulta una certera muestra de lo audaz –o insensato– que se debe ser para conducir por las calles de Buenos Aires.

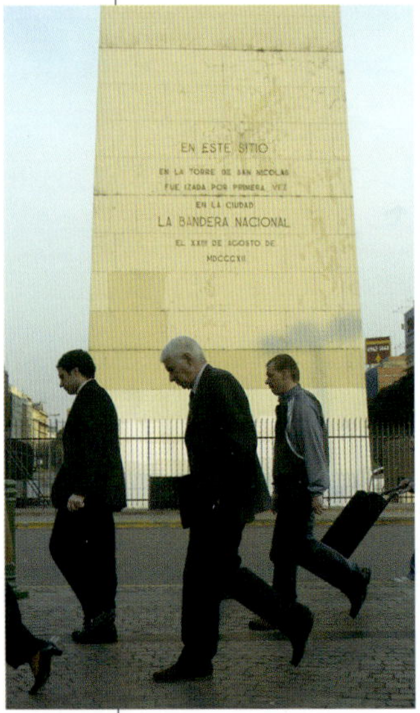

The intersection of these two legendary avenues (9 de Julio is claimed by *porteños* to be *"the widest in the world"* and Corrientes, which is known as *"the one that never sleeps"*) holds the most iconic symbol of the city; right there in *Plaza de la República*, the Obelisk, 67 meters high. It was inaugurated during the festivities for the fourth centennial of the first foundation of Buenos Aires, in February 1936. It is also the place chosen by *porteños* for big popular celebrations, like the victories of the national football team during the World Cups. The traffic of the place shows very accurately how brave –or crazy– you need to be to drive in Buenos Aires.

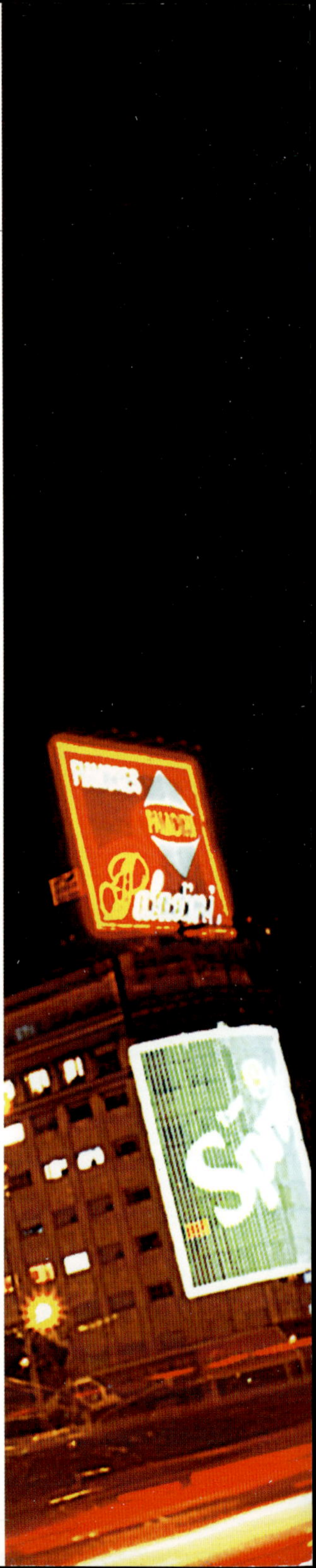

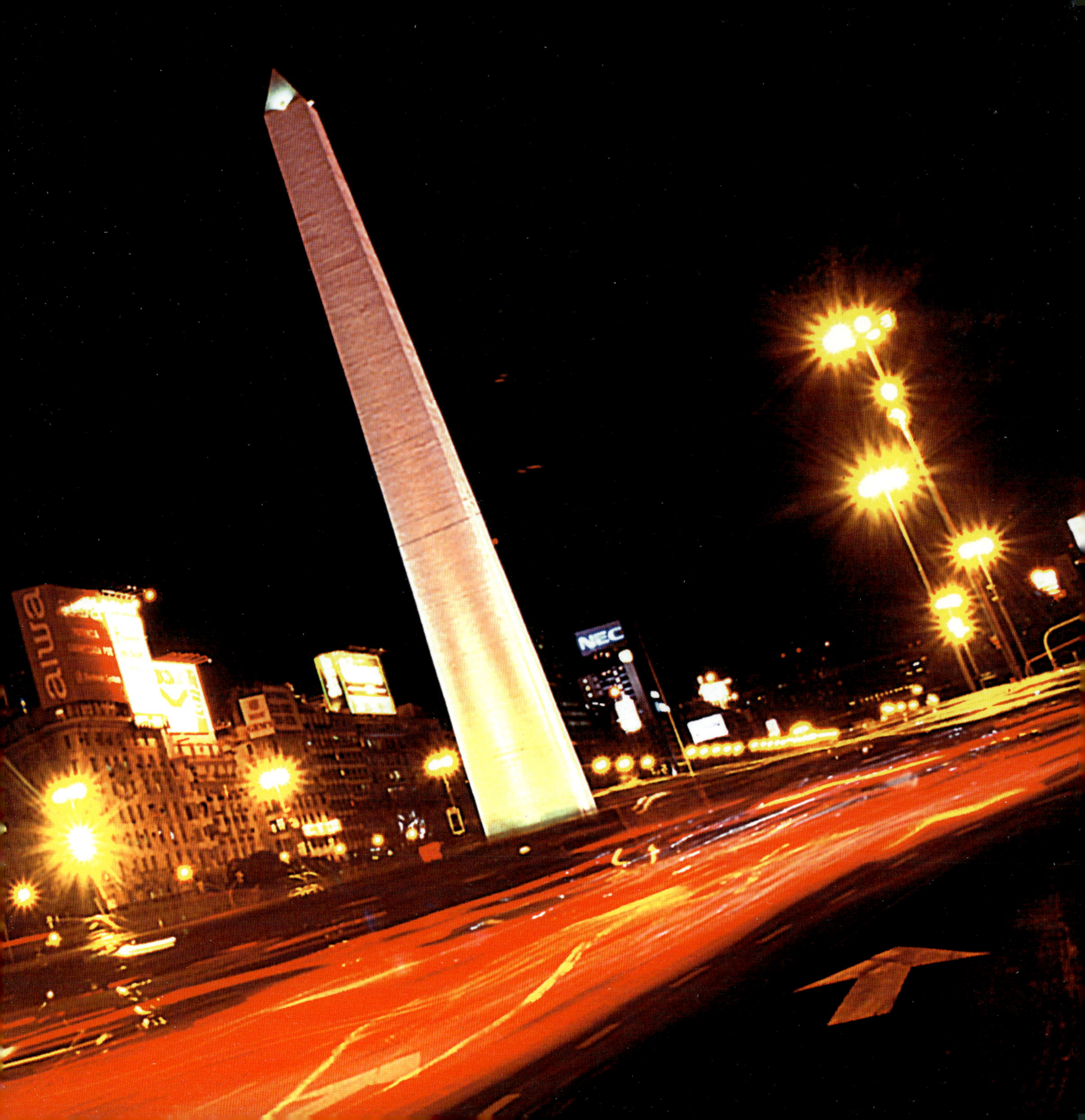
aiwa
NEC

Mendoza & Arribeños

Barrio Chino
China Town

En pleno barrio de Belgrano, estas cuadras se convirtieron en el lugar de asentamiento de inmigrantes taiwaneses y de China continental, las dos grandes comunidades de la zona. Sin embargo, hoy algunos hablan de Barrio Oriental, para no excluir a coreanos, vietnamitas, tailandeses y japoneses. Lo cierto es que cuesta encontrar allí un cartel escrito en castellano. En la actualidad el barrio reúne restaurantes orientales, herboristerías, mercados especializados en productos asiáticos y hasta librerías, disquerías y videoclubes con obras en idiomas de aquellos países. También se destaca el templo budista Chong Kuan. La gran atracción turística consiste en la celebración callejera de cada Año Nuevo chino, en la última semana de enero o la primera de febrero, según el calendario lunar.

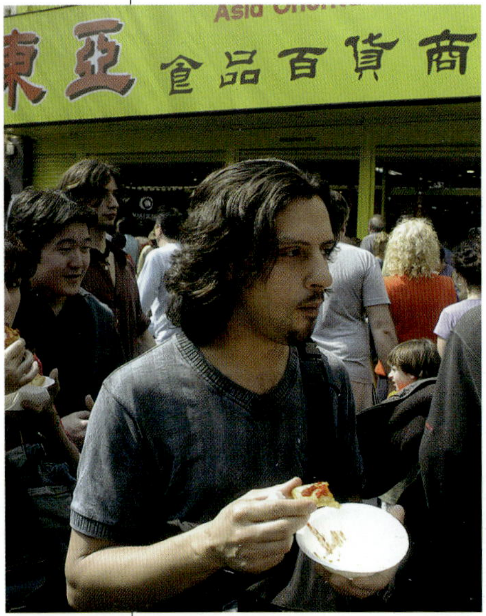

Right in the middle of Belgrano quarter, these streets became the settling place for many Taiwanese and Chinese immigrants, the two biggest communities in the area. However, nowadays many speak of Oriental Town, so as not to leave out the many Koreans, Vietnamese, Thai and Japanese inhabitants of this particular neighborhood. The truth is that it's difficult to find any signs or billboards written in Spanish. Nowadays, the place is filled with Oriental food restaurants, health food shops, Asian goods markets and even bookstores, music stores and video stores which sell products in their native languages. There is even a Buddhist temple called Chong Kuan. The neighborhood's main tourist attraction is the Chinese New Year's celebration, which takes place every year in late January or early February depending on the lunar calendar.

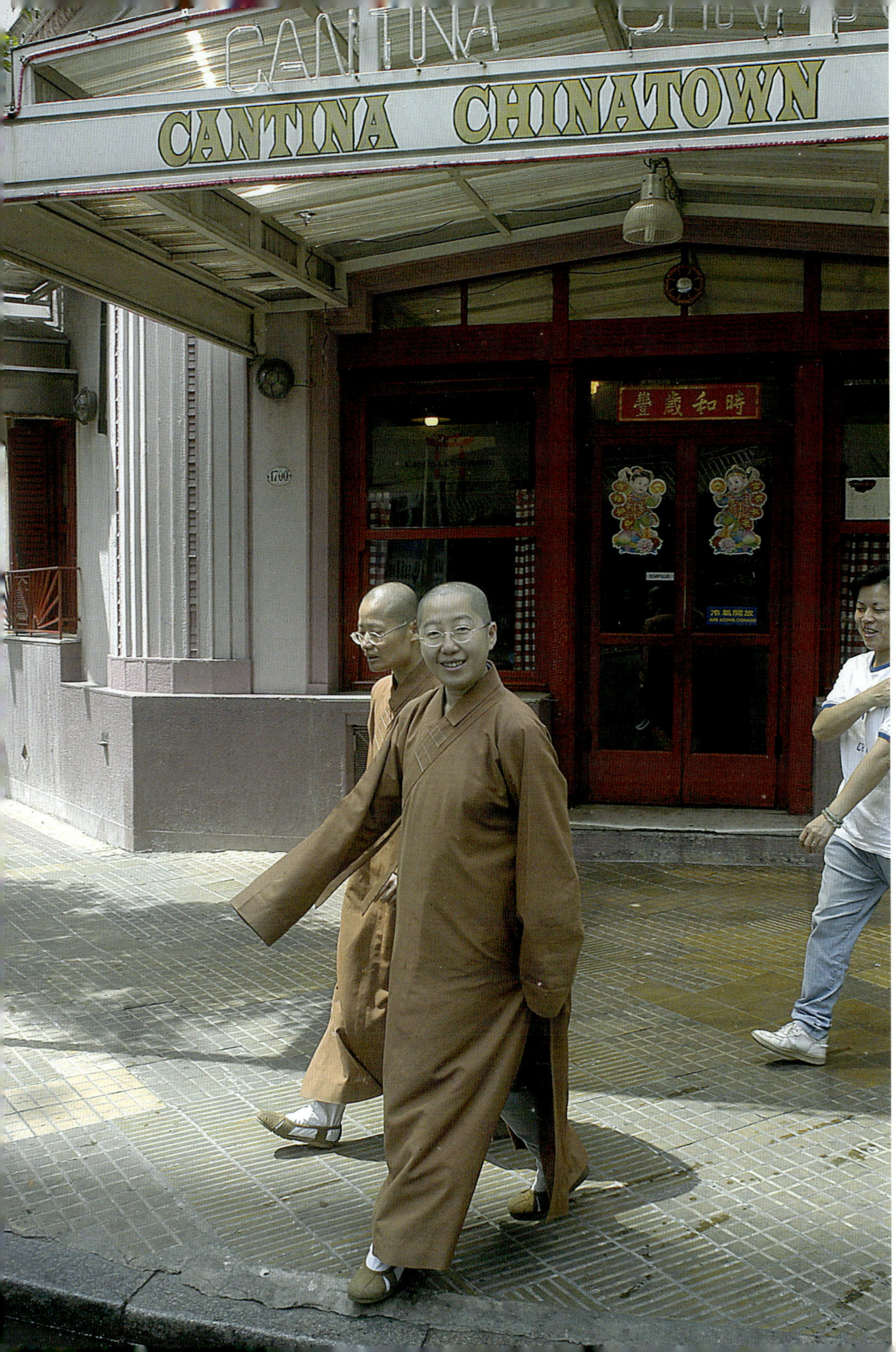
CANTINA CHINATOWN
時和歲豐

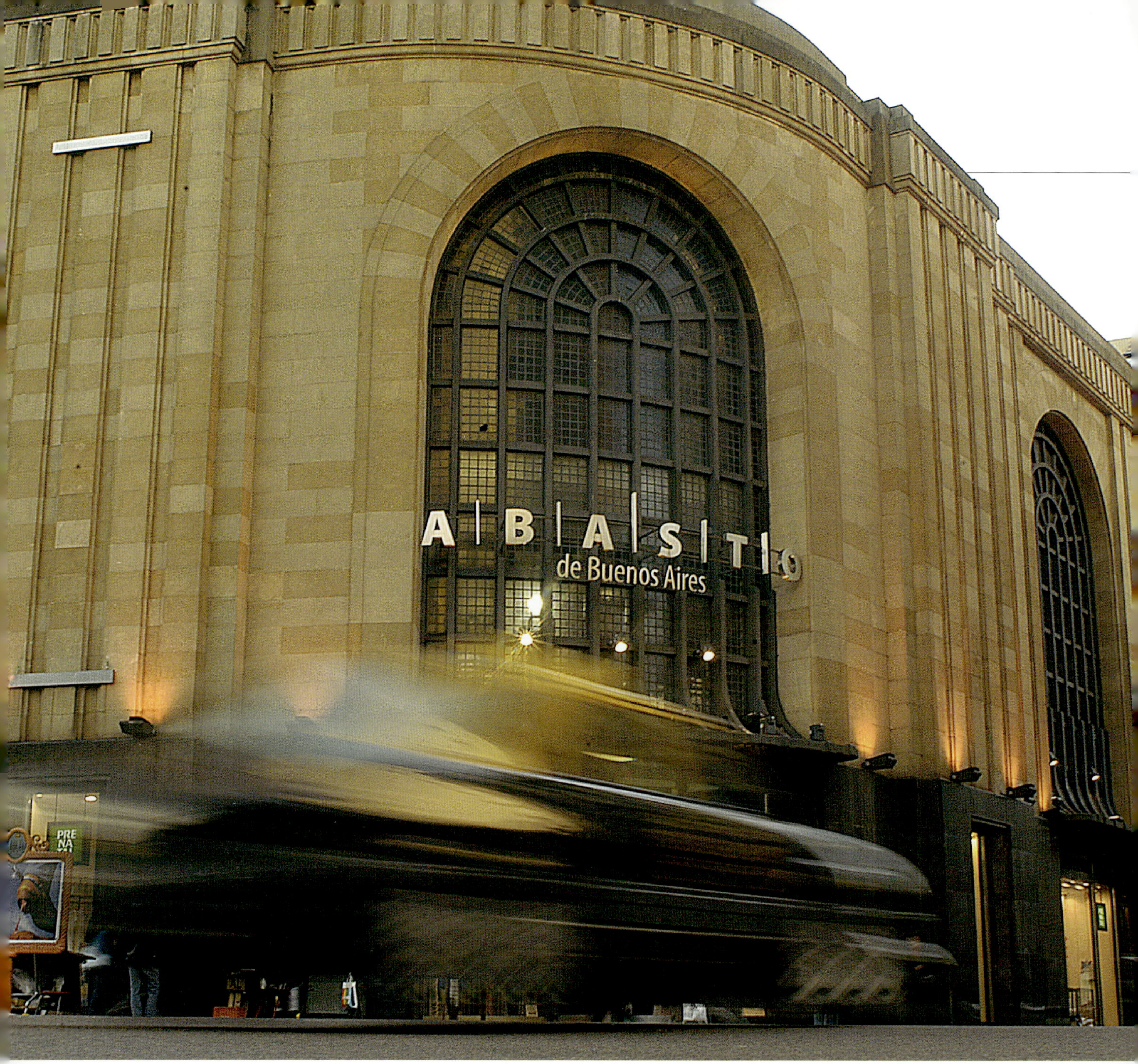
A B A S T O
de Buenos Aires

Corrientes & Agüero

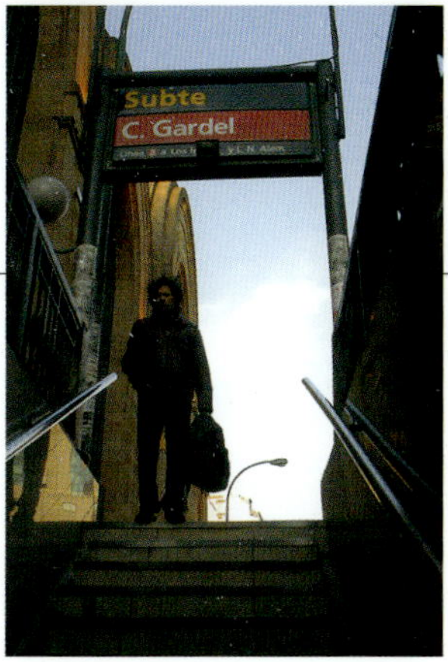

Mercado de Abasto
Abasto Market

Reciclado como centro comercial en 1998, el antiguo Mercado de Abasto de la ciudad data de 1929 y está íntimamente ligado a Carlos Gardel, quien vivió en el barrio y fue conocido como *El Morocho del Abasto*. Diseñado por los ingenieros Delpini y los arquitectos V. Sulsic y R. Bes, con cinco naves de hormigón armado y carpinterías de vidrio y hierro, tenía 44.000 metros cuadrados, acceso para tren, escaleras mecánicas que eran un asombro para la época, playas subterráneas de maniobras, cámara frigorífica central y 540 puestos que abastecían de productos alimenticios a casi toda la ciudad. Sin embargo, con el tiempo, el barrio se pobló de fondas y conventillos que le dieron mala fama. El mercado como tal fue cerrado en 1984 y trasladado a las afueras de la ciudad, lo que aumentó el decaimiento de la zona, tendencia que se revirtió sólo cuando se inauguró el shopping actual.

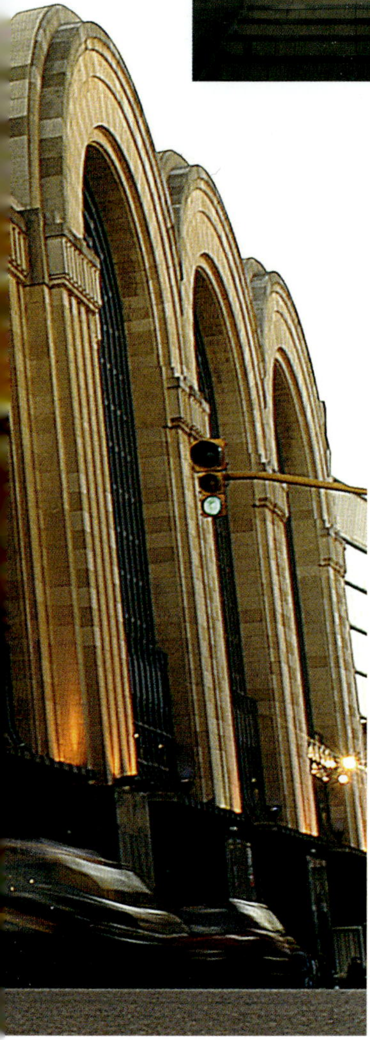

Recycled in the form of a shopping center in 1998, the old *Abasto Market* was originally built in 1929 and is intimately linked to Carlos Gardel, who lived in this neighborhood and was known as *El Morocho del Abasto* (Abasto's dark-haired man). It was designed by the engineers Delpini and the architects V. Sulsic and R. Bes and had five naves of reinforced concrete with ceilings of iron and glass. It was 44 thousand square meters wide; it was train accessible, it had escalators which were a marvel at the time, underground operation areas, its own cold-storage room and 540 stands which supplied food products to nearly the entire city. However, in time, the neighborhood got filled with taverns and slums that gave it a bad reputation. The market was closed in 1984 and moved to the city's outskirts, which only contributed to the decadence of the area. Luckily, this tendency was reversed when the shopping center was opened.

Quintana & Ortiz

La Biela

La *Biela es mi lugar preferido en todo el mundo"*, dice el actor Robert Duvall, protagonista de filmes clásicos como *El padrino* y *Apocalypsis Now*. Cada vez que visita Buenos Aires, este amante del tango pasa por aquí y pide una *lágrima* (un pocillo de leche tibia con apenas unas gotas de café). No elige mal: La Biela está entre los bares más elegantes de la ciudad y en plena Recoleta, una de las zonas más exclusivas de Buenos Aires. Su nombre, directa referencia al mundo automovilístico, viene de las picadas (carreras informales) que se realizaban en la zona a fines de los sesenta. Es casi obligatorio disfrutar de un trago en primavera en una mesa al aire libre, con vista a la Iglesia del Pilar, la Plaza Francia y al inmenso gomero plantado en 1878.

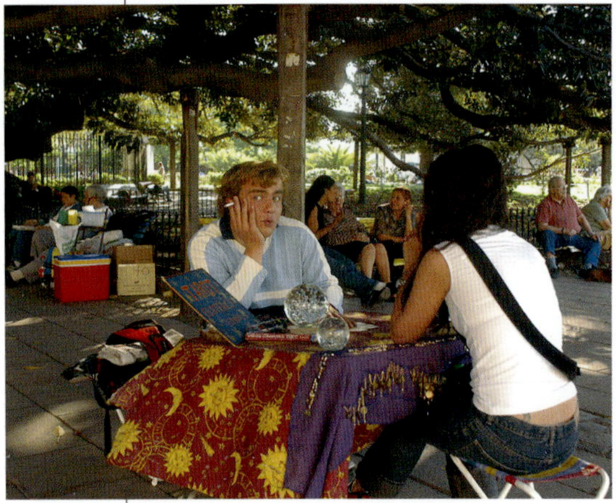

La *Biela is my favorite place in the world"*, says actor Robert Duvall, star of classic films such as *The Godfather* and *Apocalypse Now*. Every time he visits Buenos Aires, this self-confessed Tango lover sits here and orders a *lágrima* (a small cupful of warm milk and just a few drops of coffee). He chooses wisely: La Biela is one of the most elegant bars in the city and it's located in Recoleta, one of Buenos Aires' most exclusive neighborhoods. Its name ("the connecting rod"), in reference to the motor racing environment, comes from the *picadas* (street races) which took place here in the late sixties. Having a drink in one of the outdoor tables in the spring is a must: views include the Iglesia del Pilar, the Plaza Francia and the huge "rubber tree" which was planted in 1878.

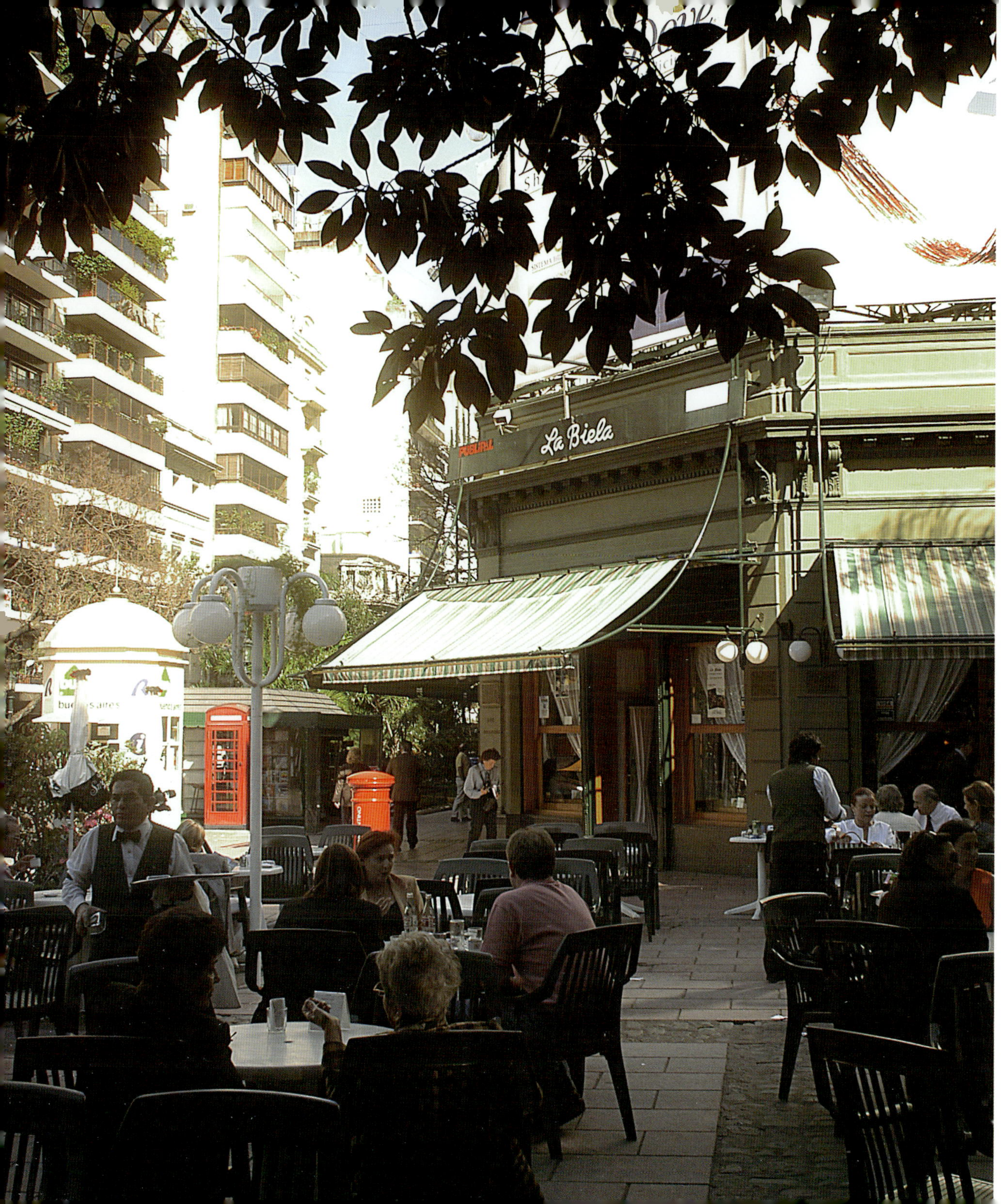
La Biela

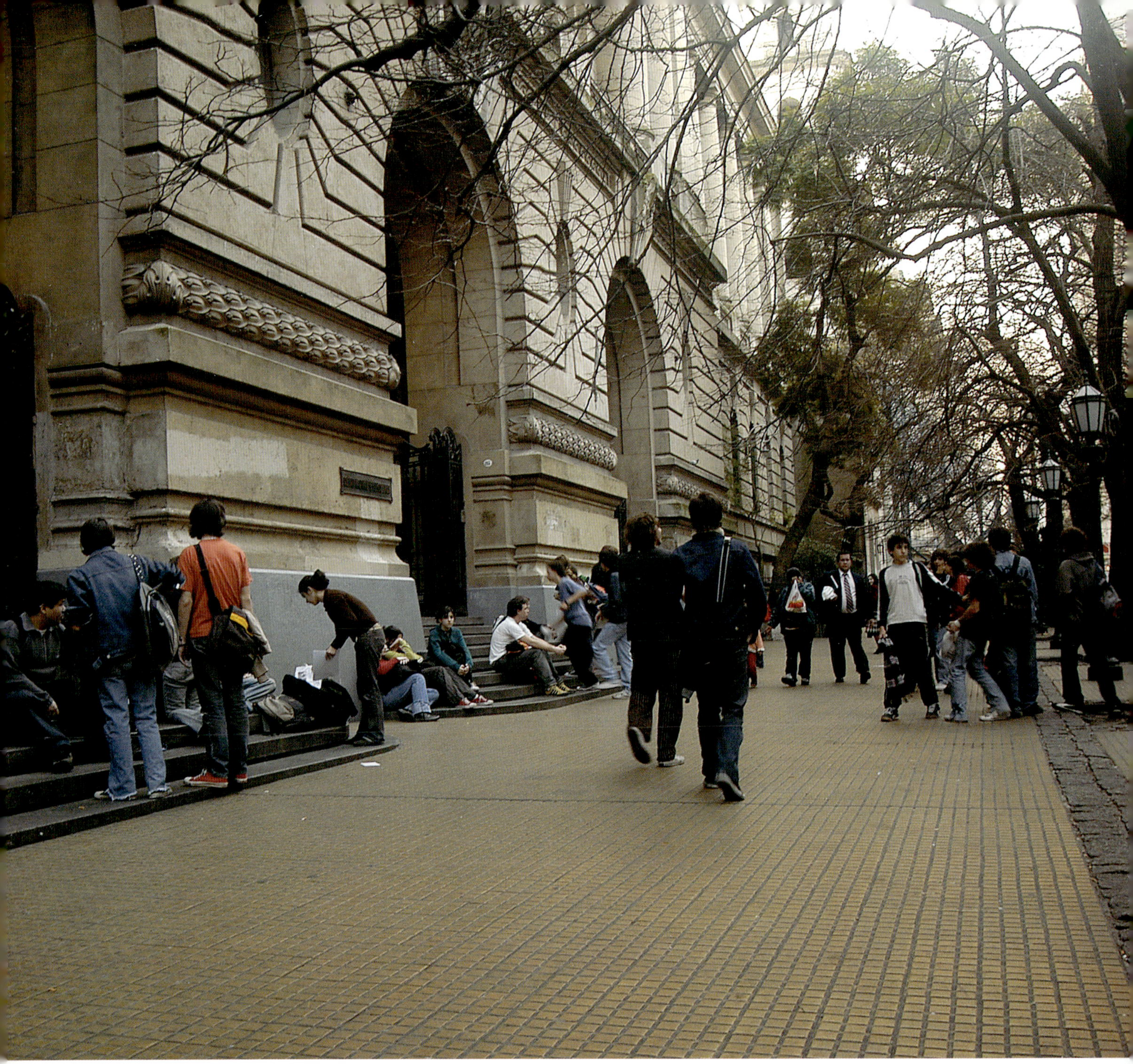

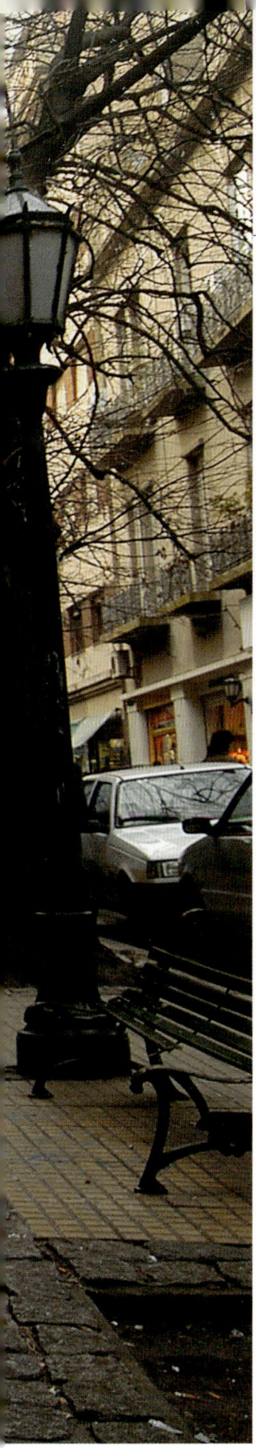

Moreno & Bolívar

Colegio Nacional de Buenos Aires
Buenos Aires National School

Más allá de la belleza arquitectónica de este imponente edificio diseñado por el francés Norberto Maillard e inaugurado en 1938, la importancia del "Colegio de la Patria" radica en que en sus aulas se formó –y se forma– buena parte de la clase dirigente de la Argentina. Heredero del solar del histórico Colegio de San Ignacio de 1662 y del Real Colegio de San Carlos de 1772, y bautizado con su actual nombre por Bartolomé Mitre en 1863, el prestigioso Nacional de Buenos Aires educó a cuatro presidentes argentinos y dos premios Nobel, además de una serie de personalidades que marcaron la historia del país en todos sus aspectos. En cuanto al edificio, hay que destacar el observatorio astronómico, la pileta cubierta, su completísima biblioteca y el órgano de tubos de su Aula Magna.

Besides the architectonic beauty of this imposing building designed by Frenchman Norberto Maillard and inaugurated in 1938, the significance of the *Colegio de la Patria* (The Homeland's College) lies in the fact that these classrooms trained –and still train– many of the country's main leaders. Heir of the historic *Colegio de San Ignacio* from 1662 and the *Real Colegio de San Carlos* from 1772, and named *Buenos Aires National School* by President Bartolomé Mitre in 1863, this prestigious school was responsible for the education of four Argentinean presidents and two Nobel Prize winners, as well as a number of personalities key to the country's history in many different levels. The building has its own astronomical observatory, an indoor swimming pool, an enormous library and a pipe organ inside its *Aula Magna* (Assembly Hall).

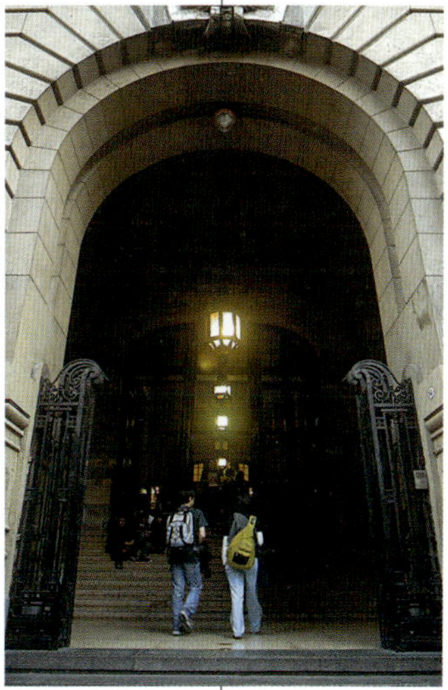

Dorrego & Alvarez Thomas

Mercado de Pulgas
Flea Market

El antiguo Mercado Dorrego, inaugurado en 1928, ocupaba las cuatro manzanas delimitadas por las avenidas Dorrego y Álvarez Thomas y las calles Concepción Arenal y Zapiola. Los quinteros acercaban allí sus frutas y verduras para la venta mayorista, hasta que en 1983 fueron trasladados al Mercado Central de Buenos Aires. Al poco tiempo comenzaron a instalarse en el edificio comerciantes de objetos usados y hoy es un auténtico Mercado de Pulgas, donde se venden desde muebles hasta ropa, pasando por discos de pasta y otras antigüedades. Además, durante los años noventa, se mudaron a la zona varias empresas vinculadas al cine y la televisión, por lo que el barrio se conoce actualmente como Palermo Hollywood y es uno de los centros culturales y de moda de la ciudad.

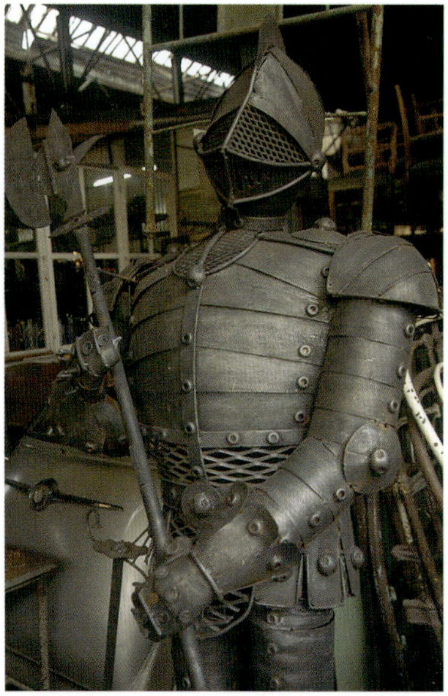

The old Mercado Dorrego inaugurated in 1928; originally took up the four blocks among the avenues Dorrego and Alvarez Thomas and the streets Concepción Arenal and Zapiola. It was the place where farmers carried their fruits and vegetables for the wholesaling until 1983, when they were moved to the *Central Market*. Soon afterwards, many secondhand article traders moved in and today it is an actual Flea Market, where you can find furniture and clothing items, as well as old records and other antiques. During the nineties, many television and film companies moved to the area, changing its name to *Palermo Hollywood* and making it one of today's most cultural and fashionable districts.

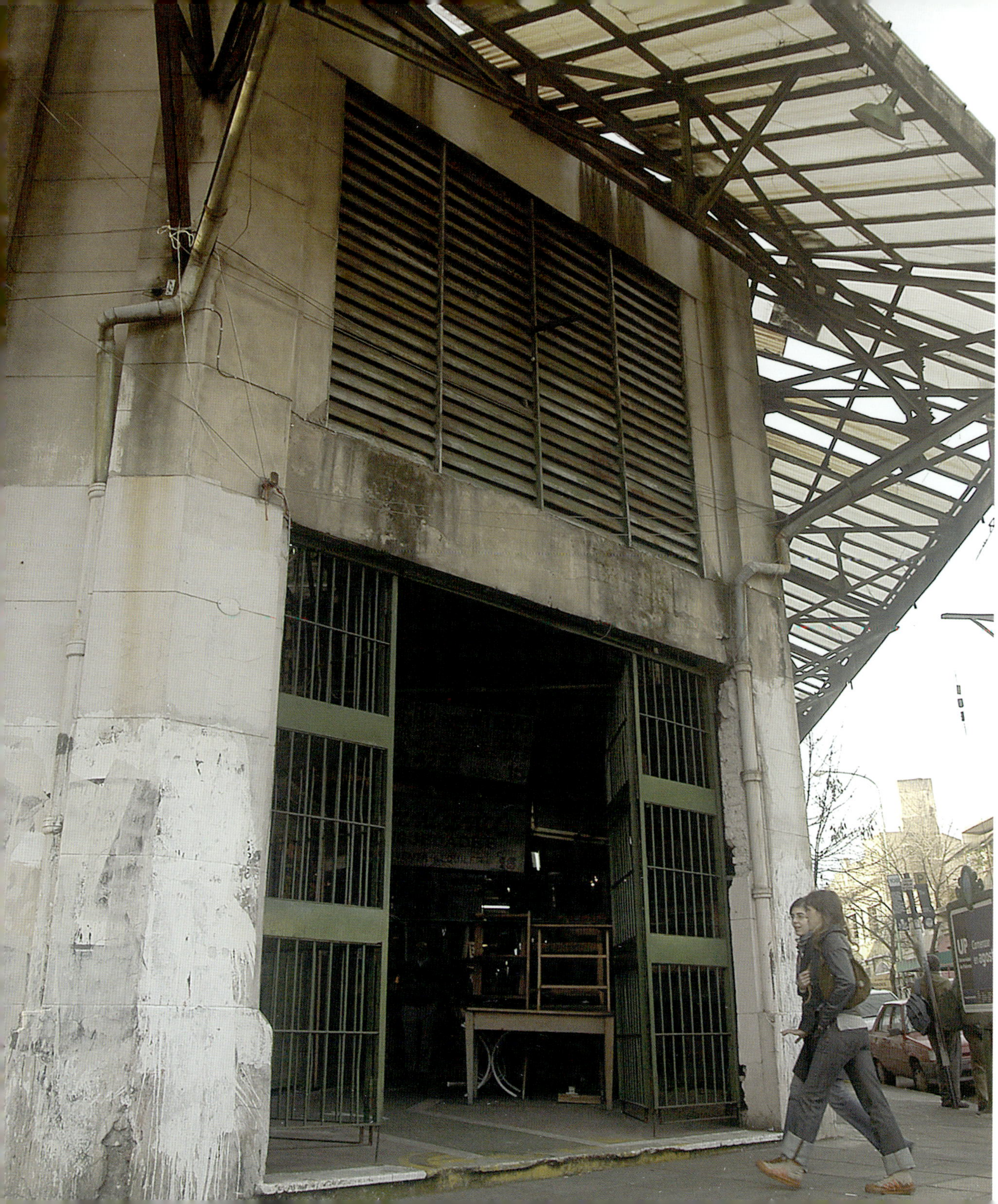

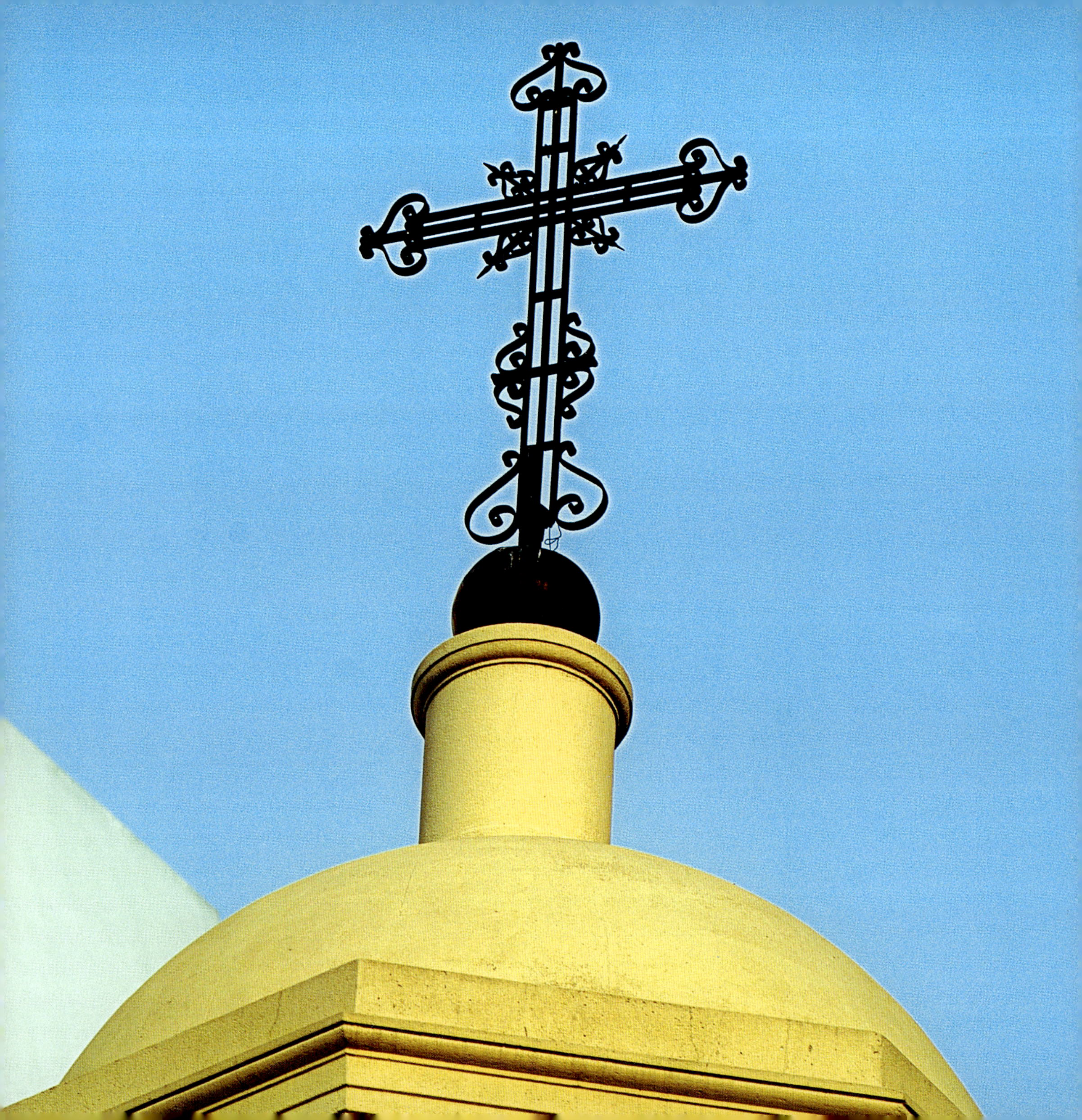

Suipacha & Juncal

Iglesia del Socorro
Socorro's Church

Este templo católico edificado en 1750, además de ser uno de los más antiguos de la ciudad y uno de los preferidos por los porteños de buena posición social para sus casamientos, es famoso por haber sido escenario de una historia de amor que terminó en tragedia. Allí, a mediados del siglo XIX, Camila O'Gorman, una joven de la sociedad porteña, se enamoró de su confesor, el párroco Ladislao Gutiérrez. Decididos a todo por amor, se fugaron juntos, pero resultaron apresados a los pocos días en Goya, provincia de Corrientes. Y aunque ella estaba embarazada, fueron fusilados por orden del gobernador Juan Manuel de Rosas. En 1985, la película *Camila*, dirigida por María Luisa Bemberg y basada en esta historia, obtuvo la nominación al Oscar a la Mejor Película Extranjera.

This Catholic church, built in 1750, besides being one of the oldest in the city and a favorite for high society weddings, is famous because it served as the setting for a love story that ended in tragedy. It was in the mid-nineteenth century that Camila O'Gorman, a young socialite, fell in love with her confessor, the priest Ladislao Gutiérrez. Risking everything for their love, they eloped, but were apprehended a few days later in Goya, Corrientes. Even though she was pregnant, they were executed as ordered by Governor Juan Manuel de Rosas. In 1985, the movie *Camila*, directed by María Luisa Bemberg, and inspired by this story, was nominated for an Academy Award as Best Foreign Language film.

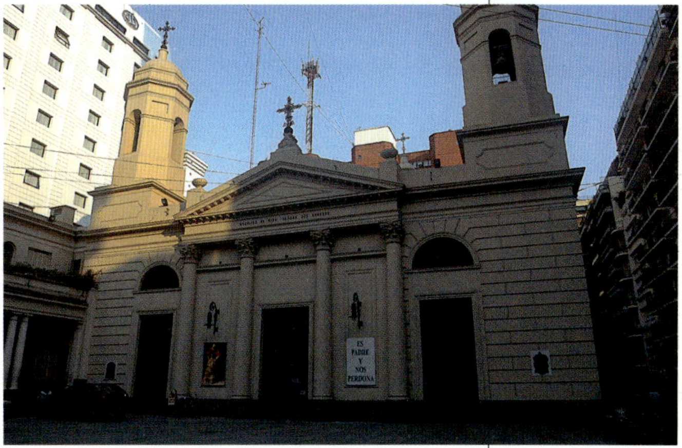

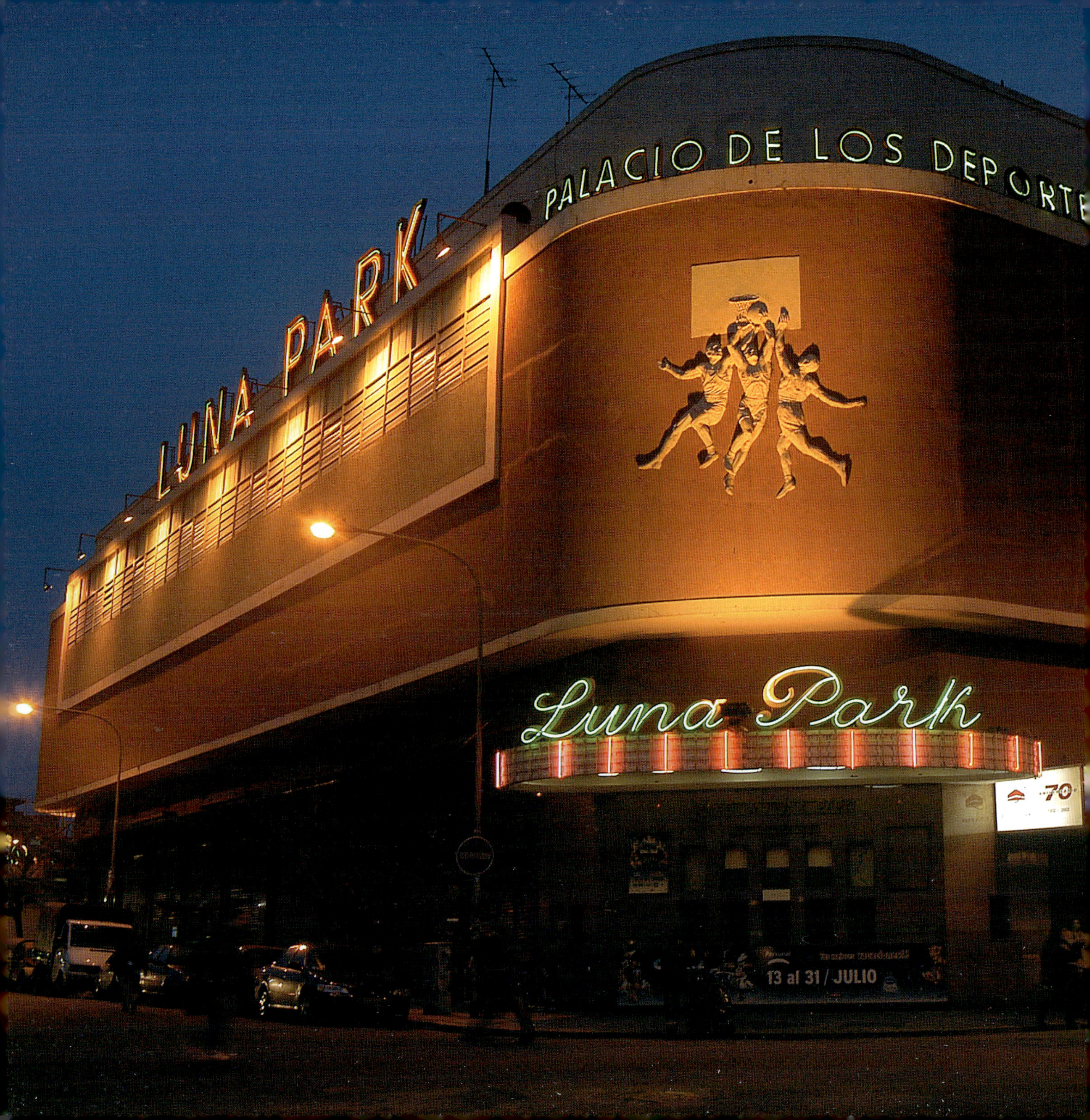
LUNA PARK
PALACIO DE LOS DEPORTE
Luna Park
13 al 31 / JULIO

Lavalle & Bouchard

Luna Park

El Luna Park es a Buenos Aires lo que el Madison Square Garden a Nueva York, ni más ni menos: desde la década del '30 se suceden allí los grandes espectáculos bajo techo de la ciudad, tanto deportivos como artísticos. Vinculado especialmente al boxeo, por su ring pasaron campeones como Carlos Monzón y Nicolino Locche y en su platea se conocieron Juan Domingo Perón y Evita. También fue el sitio donde se velaron los restos de Carlos Gardel, se realizaron los campeonatos mundiales de básquet de 1950 y 1990, de vóley de 1982 y 2002, se casó Diego Armando Maradona, actuaron figuras como Frank Sinatra, Liza Minelli, Ray Charles, Joan Manuel Serrat y Luciano Pavarotti y hasta celebró misa el papa Juan Pablo II.

Luna Park is to Buenos Aires what Madison Square Garden is to New York City, neither more nor less: it is where, since the thirties, the big indoor entertainment and sport events take place. Tightly linked to the boxing world, its ring has been dignified by champions such as Carlos Monzón and Nicolino Locche. And it was on those very stands that Juan Domingo Perón met Evita. It was also the site of Carlos Gardel's wake, the World Basketball Championships of 1950 and 1990, the World Volleyball Championships of 1982 and 2002, and Diego Armando Maradona's wedding. Its stage was graced by performers such as Frank Sinatra, Liza Minelli, Ray Charles, Joan Manuel Serrat and Luciano Pavarotti; even mass was once there celebrated by the late Pope John Paul II.

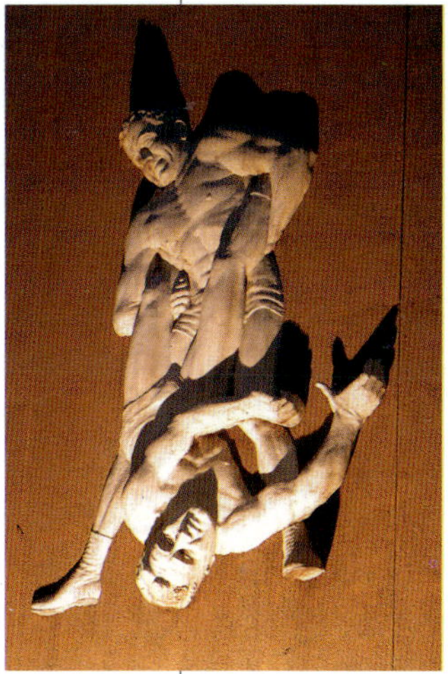

Honduras & Borges

El Taller

En 1985, cuando abrió El Taller, el barrio era tan distinto que la calle Borges se llamaba Serrano, no había restaurantes *cool* ni casas de ropa *fashion*, no paseaban jóvenes modernos ni turistas extranjeros… y la zona se conocía como Palermo Viejo, no como Palermo Soho. El Taller, con sus espectáculos y su movida cultural, fue realmente una de las claves del cambio del barrio, que hoy es el escenario de la mayor movida de la ciudad. Frente al bar se encuentra la Plaza Cortázar, otra referencia literaria del barrio, que los fines de semana recibe a artesanos de día y a miles de jóvenes por la noche.

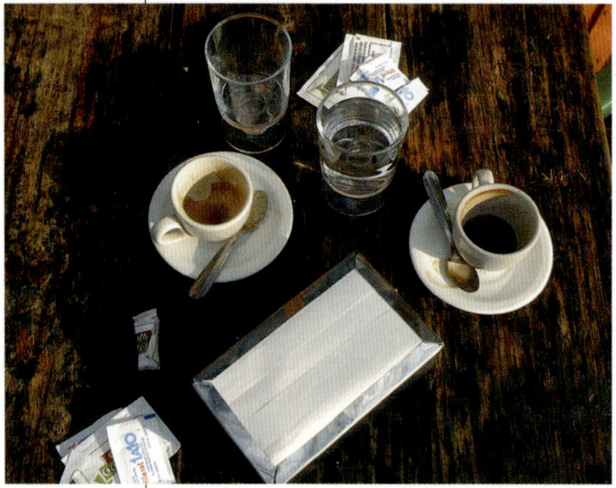

In 1985, when *El Taller* opened its doors, the neighborhood was very different: Borges Street was called Serrano, there were no cool restaurants or fashionable clothing stores, its streets were not filled with tourists or modern looking young people… and the area was called *Palermo Viejo*, not *Palermo Soho*. *El Taller*, with its shows and cultural activities was key to the change of the place, which is now the setting of the city's biggest scene. In front of the bar is *Plaza Cortázar*, another literary reference of the neighborhood. On weekends it is the stand for many artisans during the day and the entertainment place for young people during the night.

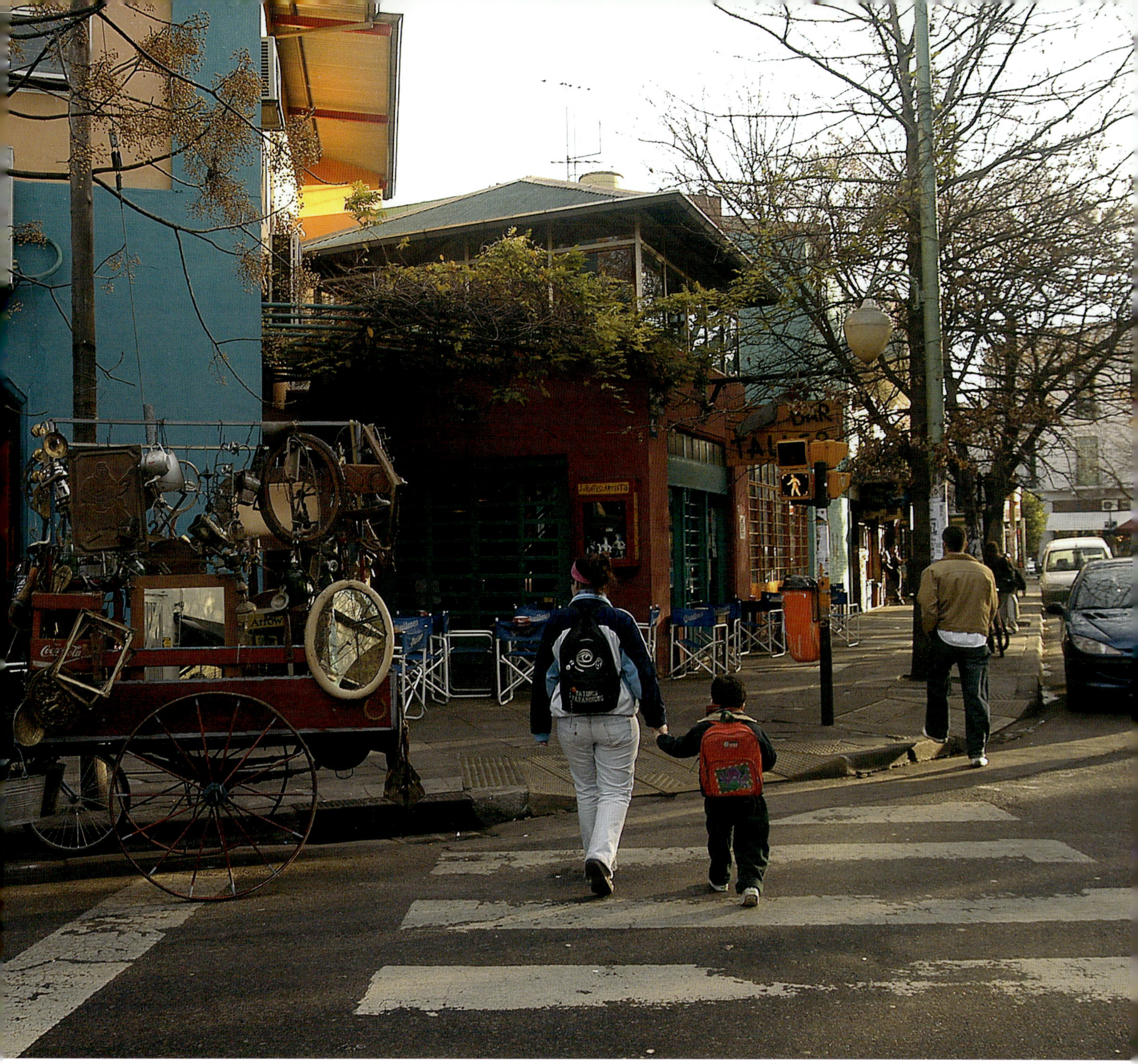
BAR
Arrow

Corrientes & Pueyrredón

"Setenta balcones y ninguna flor"
("Seventy balconies and not one flower")

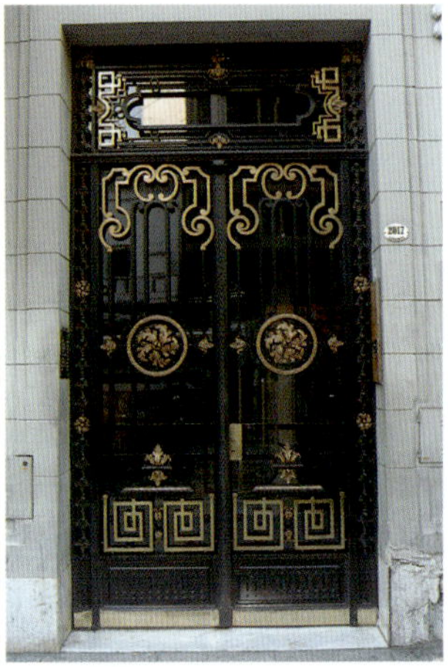

Dice el mito urbano que el edificio de ocho pisos que ocupa la esquina noroeste de Corrientes y Pueyrredón, en el barrio de Once, sirvió de inspiración al poeta porteño Baldomero Fernández Moreno (1886-1959) para escribir su conocido poema *Setenta balcones y ninguna flor*. Publicado en el libro *Ciudad*, en 1917, dice: *"Setenta balcones hay en esta casa / setenta balcones y ninguna flor. / ¿A sus habitantes, Señor, qué les pasa? / ¿Odian el perfume, odian el color?"*. La construcción fue originalmente un edificio de renta, propiedad de la Caja Internacional Mutua de Pensiones. Lo curioso es que, de acuerdo al hijo del poeta, el auténtico edificio inspirador de los conocidos versos se alza en el barrio de Retiro y no tiene relación alguna con éste. Pero no hay habitante de Buenos Aires que prefiera la realidad a la leyenda…

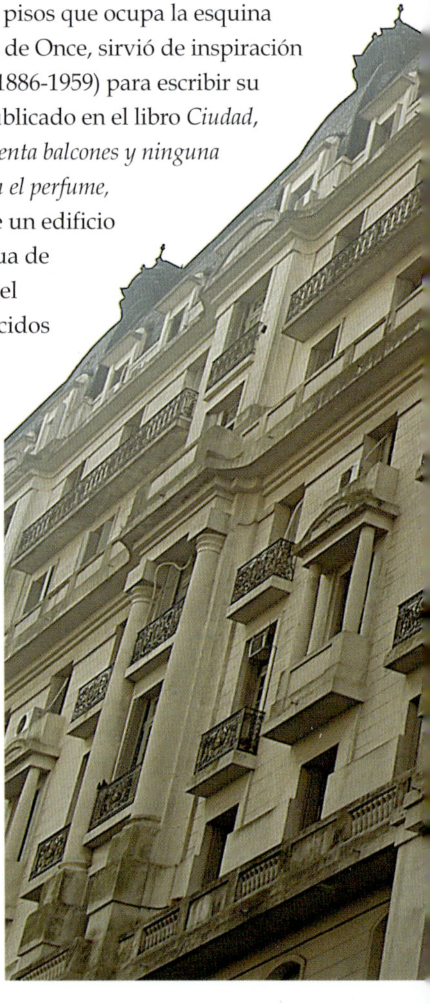

The urban legend says that the eight-storey building located in the northwestern corner of the avenues Corrientes and Pueyrredón, in *Once* neighborhood, was the inspiration for the local poet Baldomero Fernández Moreno (1886-1959) to write his well-known poem *Setenta balcones y ninguna flor, (Seventy balconies and not one flower)*. It was published in the book *Ciudad* in 1917 and it goes: *"Seventy balconies there are in this house/ seventy balconies but not any flower/ What is wrong with its occupants?/ Do they hate perfume, do they hate color?"*. The construction was originally of apartments only for rent, property of the International Mutual Pension Fund. What's peculiar is that according to the poet's son, the real building which inspired the famous verses is situated in the area of Retiro and is not related to this one. However, there is no one in Buenos Aires who would choose reality over legend.

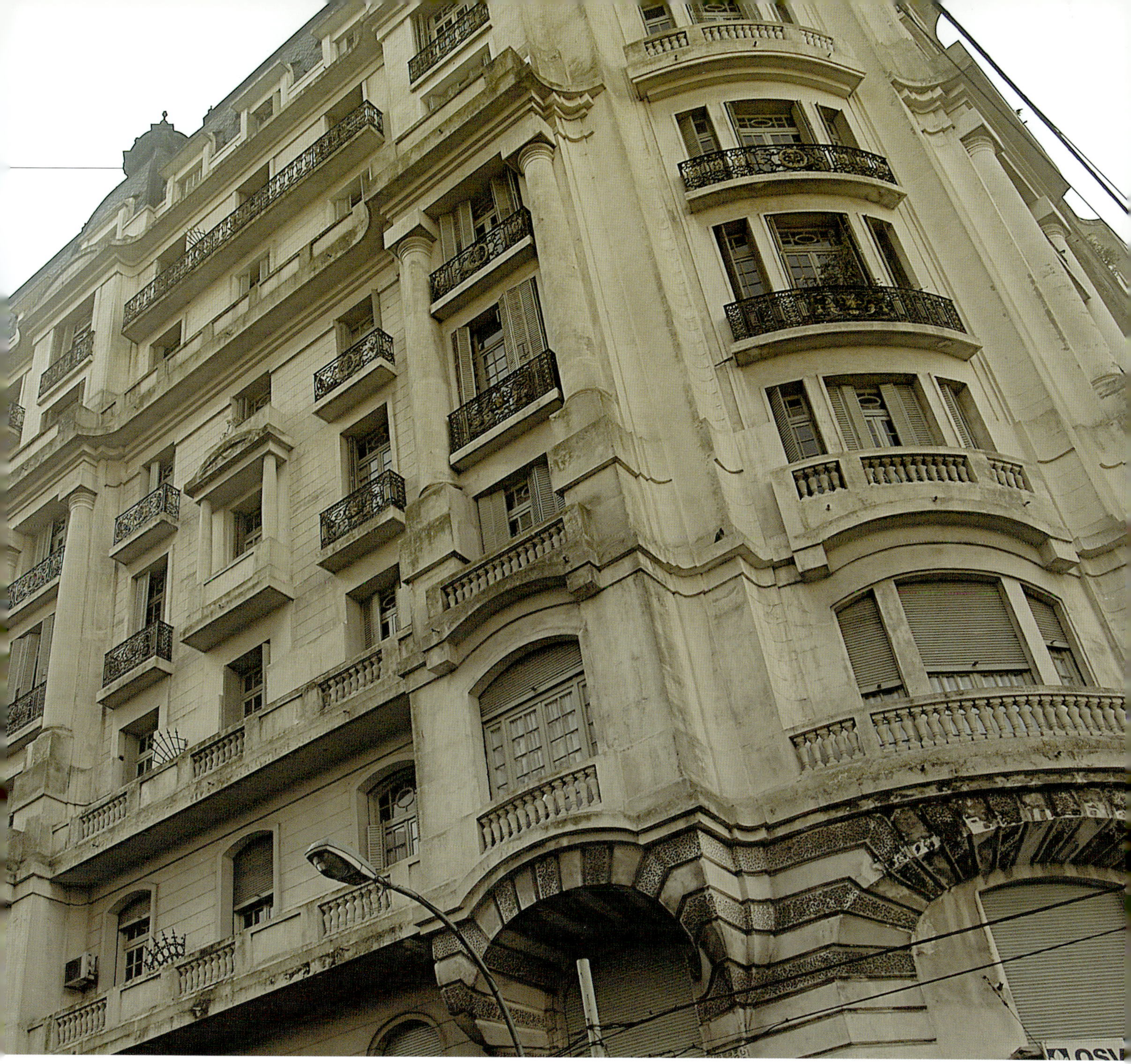

San Juan & Boedo

Sur

Uno de los tangos más conocidos nació en las mesas de un bar abierto en 1927 y que sucesivamente fue bautizado Canadian, Aeroplano y Nipón: allí, en 1947, Homero Manzi compuso la letra de *Sur*, que llevó música de Aníbal Troilo y que comienza: *"San Juan y Boedo antiguo y todo el cielo/ Pompeya y, más allá, la inundación..."*. Hoy, la esquina, donde funciona un restaurante que ofrece espectáculos de tango, se llama "Homero Manzi", y fue declarada monumento histórico y remodelada en 2000 por el arquitecto Carlos Liuzzi respetando las fachadas originales. La zona, además, se convirtió con el tiempo en el centro porteño de locales de venta de electrodomésticos.

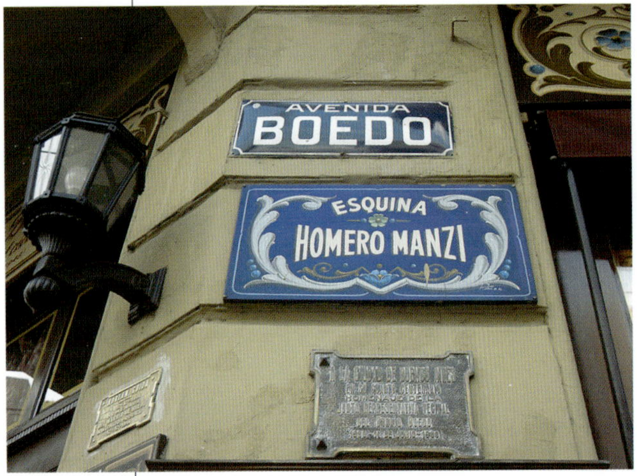

One of the best known tangos was born on the tables of a bar which was opened in 1927 and was first named Canadian, then Aeroplano and later Nipón: it was there that in 1947 Homero Manzi wrote the lyrics to the tango *Sur*. Its music is by Aníbal Troilo and it goes: *"Old San Juan and Boedo and the whole sky, / Pompeya and beyond, the flood..."*. Today the restaurant works as a *tanguería* and it's called "Homero Manzi". It was named Historical Monument by the city of Buenos Aires and was renovated in 2000 by the architect Carlos Liuzzi keeping the original facades. With the passing of time, the area has become the city's retail center for appliances stores.

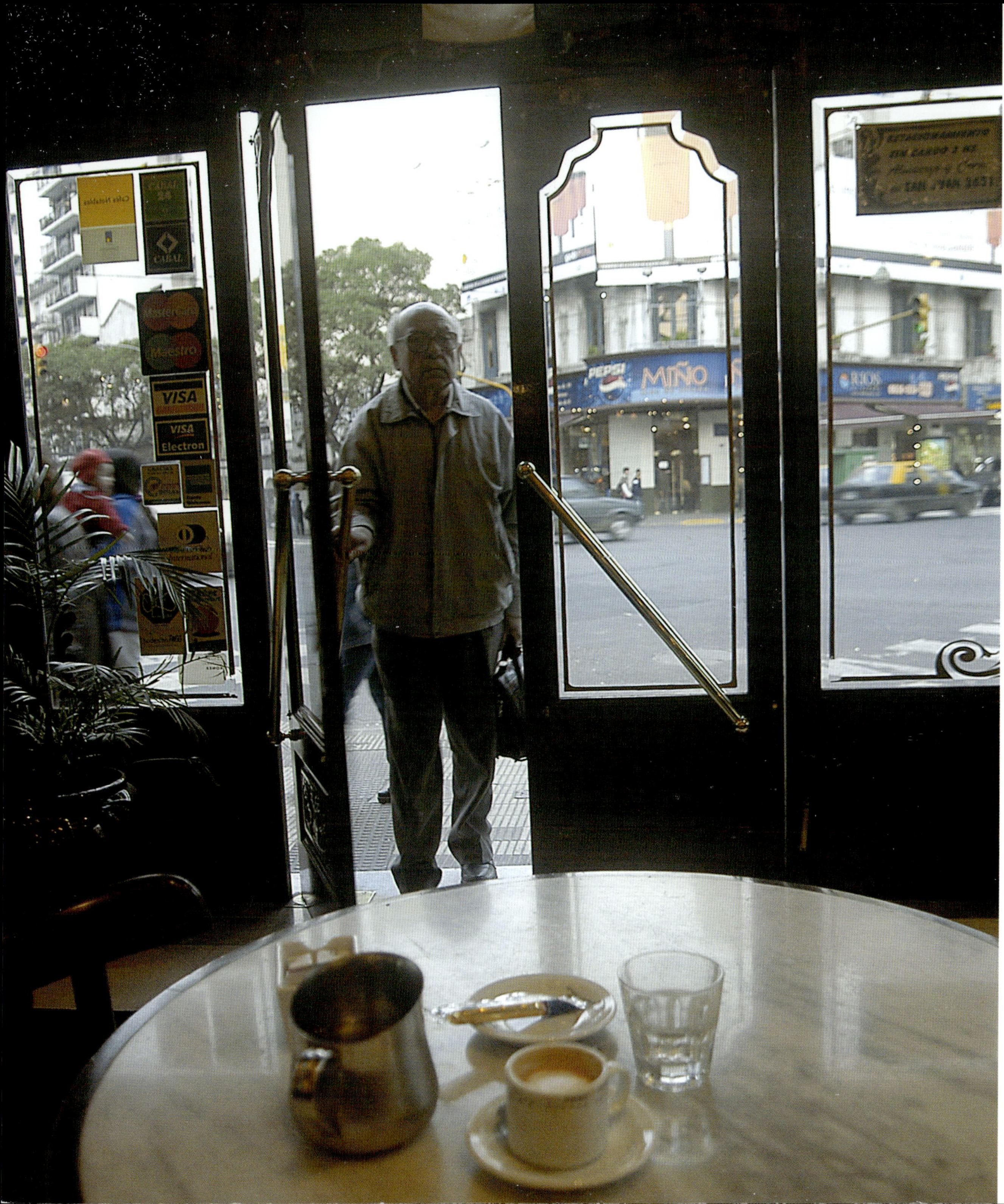
MasterCard
Maestro
VISA
VISA Electron
PEPSI
MIÑO

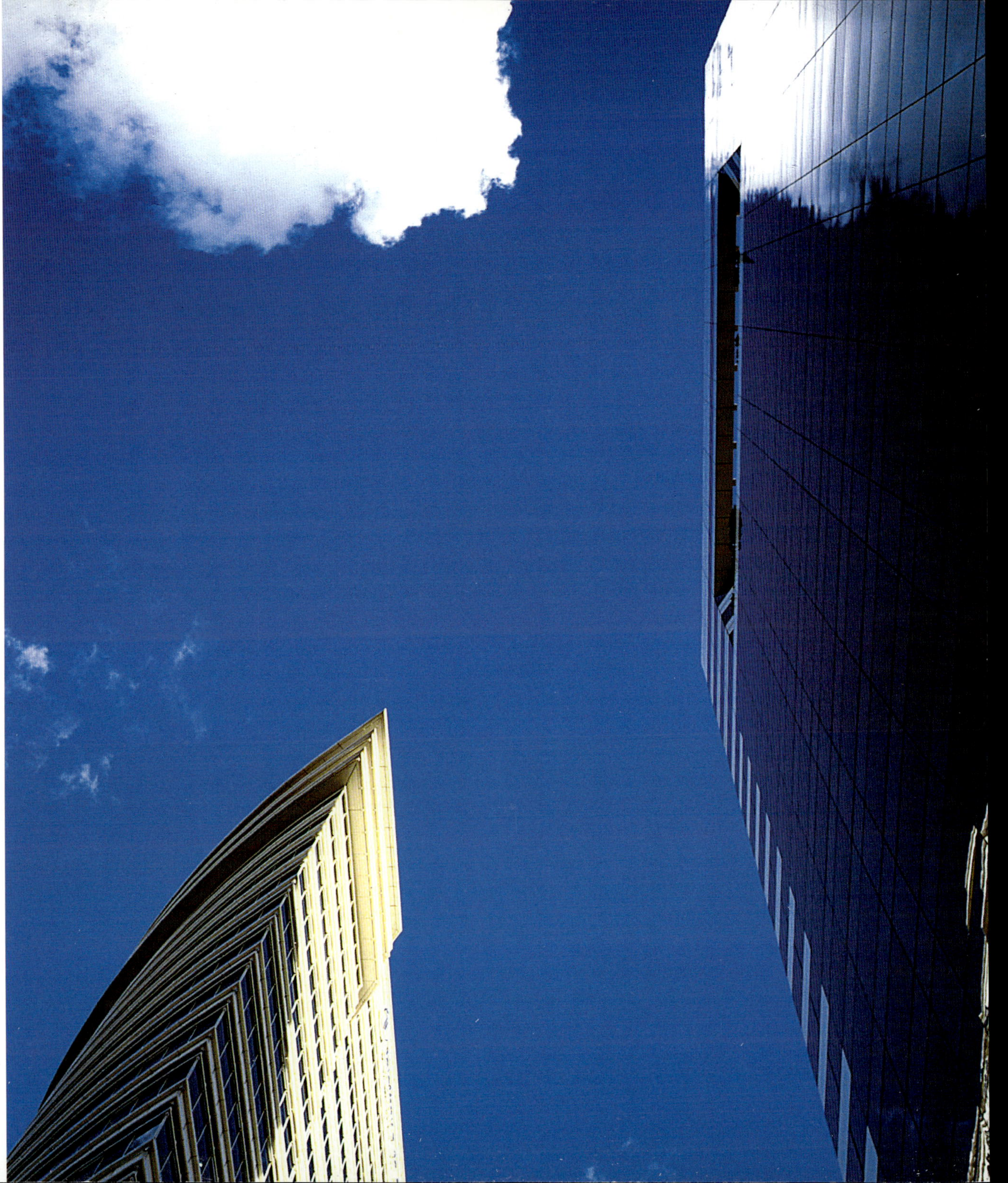

Tucumán & Madero

Edificio República
República Building

Es el primer "edificio inteligente" levantado en la ciudad y responde claramente a la firma de su autor, el prestigioso arquitecto argentino César Pelli, responsable también de las Torres Petronas, en Kuala Lumpur, Malasia, cuyos 452 metros las convierten en la construcción más alta del mundo. El República, edificado en 1994, adapta su diseño a la manzana triangular sobre la que se levanta. Con 20 pisos para oficinas de vidrios espejados, su frente en forma curvada mira hacia el Río de la Plata y a la Avenida Madero, mientras que su espalda recta da sobre Bouchard. Tiene como vecinos otros rascacielos nuevos e imponentes, como la Torre Fortabat y el edificio del diario *La Nación*.

This was the first intelligent building to be constructed in Buenos Aires and it shows the unmistakable hallmark of its designer, the very prestigious Argentinean architect César Pelli, also responsible for the Petronas Towers in Kuala Lumpur, Malaysia; currently the tallest buildings in the world. *República* building was constructed in 1994 adjusting its design to the triangular block on which it is placed. It is a twenty-storey office building covered with mirrored glass, its arched front overlooking the river and Madero Avenue, and its straight backside on Bouchard Street. Its neighbors are other new and impressive skyscrapers such as the *Fortabat Tower* and the building of the *La Nación* newspaper.

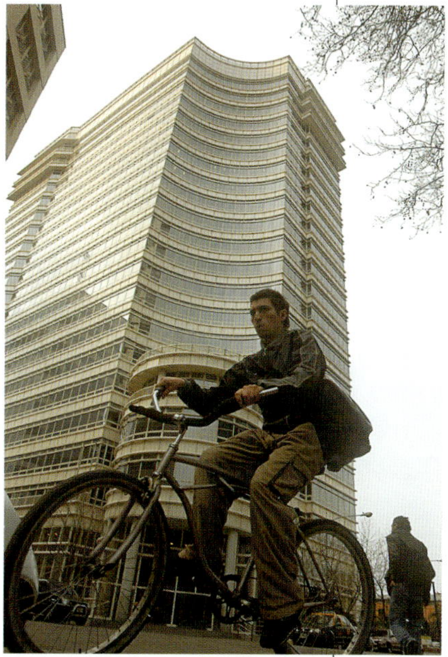

Perón & San Martín

La City

La zona bancaria de la ciudad ocupa unas quince manzanas delimitadas por Corrientes, Leandro N. Alem, Rivadavia y San Martín y esta esquina es una muy buena muestra de ella. El paisaje es homogéneo: bancos, casas de cambio, oficinas, hombres con traje, personas muy apuradas, mensajeros en moto o bicicleta y camiones transportadores de caudales. De noche, en cambio, todo queda semidesierto. El lugar fue escenario de grandes protestas populares cuando, en 2001, una norma del gobierno (el *corralito*) dispuso que los bancos no devolvieran sus depósitos a los ahorristas hasta no superar la crisis económica que terminó en el default de la deuda externa.

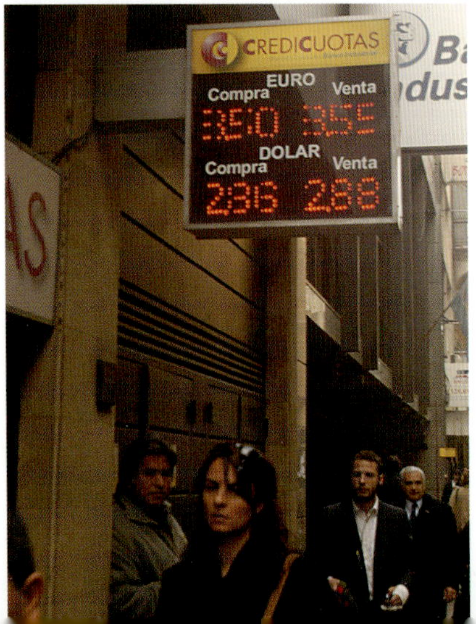

The financial district in Buenos Aires takes up about fifteen blocks among Corrientes and Leandro N. Alem Avenues and Rivadavia and San Martín Streets. This corner is one of its perfect examples. The landscape is very homogeneous: banks, exchange houses, office, men in suits, rushing people, bike and motorcycle messengers and armored cars. At night, the area is pretty much deserted. The place witnessed many protests and demonstrations, when in 2001, the government ordered banks to keep their clients' savings (the *"corralito"*). This was to last until the passing of the economic crisis which ended in the economy's default.

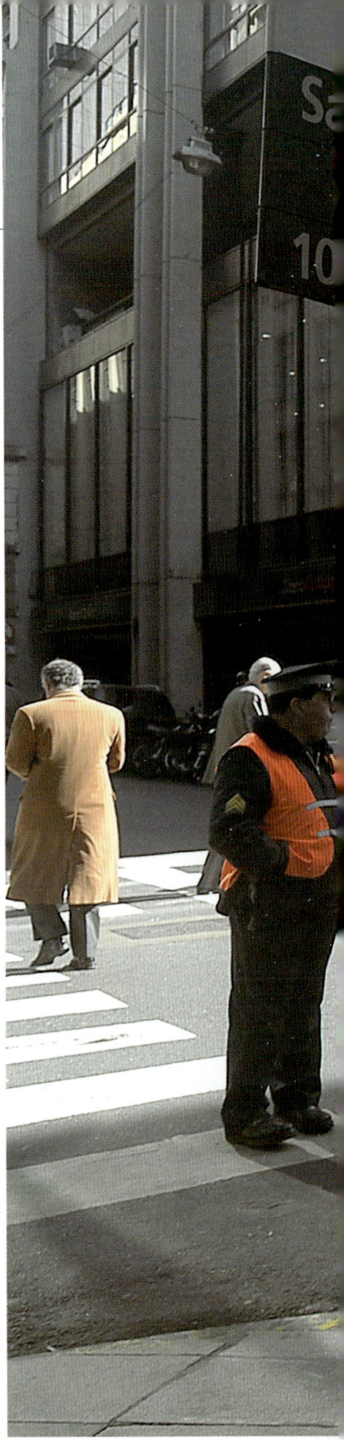

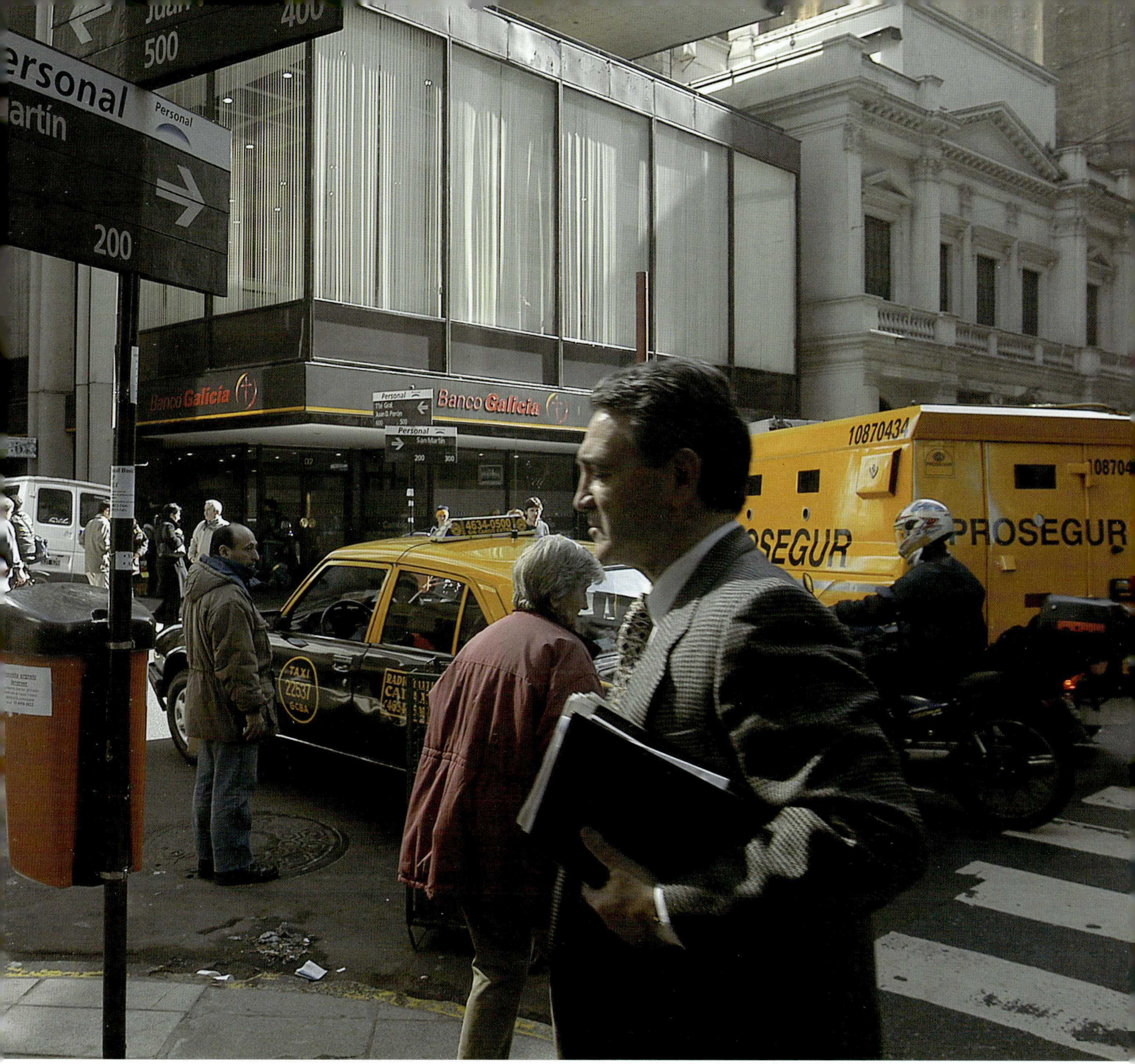
500
400
ersonal
artín
Personal
200
Banco Galicia
Banco Galicia
Personal
San Martín
200
300
10870434
PROSEGUR
OSEGUR
TAXI
22537
GCBA
4634-0500

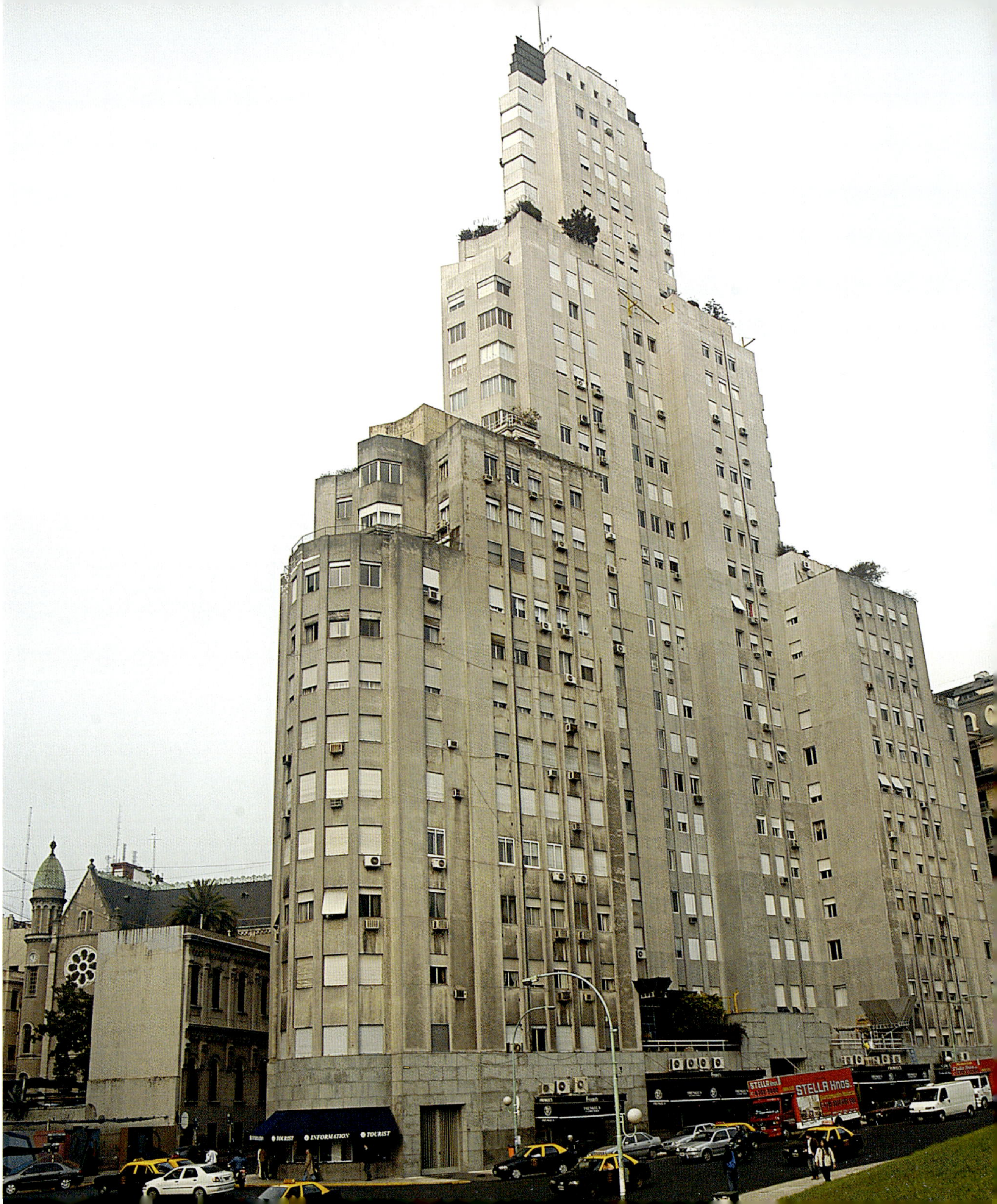
TOURIST
INFORMATION
TOURIST
STELLA Hnos

Edificio Kavanagh
Kavanagh Building

La arquitectura del Kavanagh, en su origen un rascacielos de vanguardia, cuya estructura de hormigón armado está compuesta por distintos volúmenes ascendentes en forma de escalera, marcó un antes y un después en el paisaje porteño. Construido por el estudio Sánchez, Lagos y De la Torre en 1934, frente a la Plaza San Martín, el edificio tiene 32 pisos y sus 110 metros lo convirtieron durante décadas en el más alto de Sudamérica. Concebido como un edificio de renta, con lujosos departamentos destinados a la clase acomodada, tenía todos los adelantos de confort de la época, como aire acondicionado central, piscina, gimnasio y cámara frigorífica para guardar alfombras y pieles. Hoy, su inconfundible silueta lo convierte en uno de los íconos de la ciudad.

The architecture of the Kavanagh building, an ultramodern skyscraper at the time of its construction, is a structure made of reinforced concrete composed of several ascending volumes in the shape of a stairway. This design marked a before and after in the Buenos Aires' skyline. It was built by the firm of Sánchez, Lagos and De la Torre in 1934, across from Plaza San Martín, its 32 stories and 110 meters high made it the tallest building in South America for over four decades. It was conceived only for rentals, with very luxurious apartments perfect for Buenos Aires' high society. It had every comfort available at the time: central air conditioning, swimming pool, gym and even a refrigerating vault to keep carpets and furs. Today, its unmistakable outline makes it one of the city's icons.

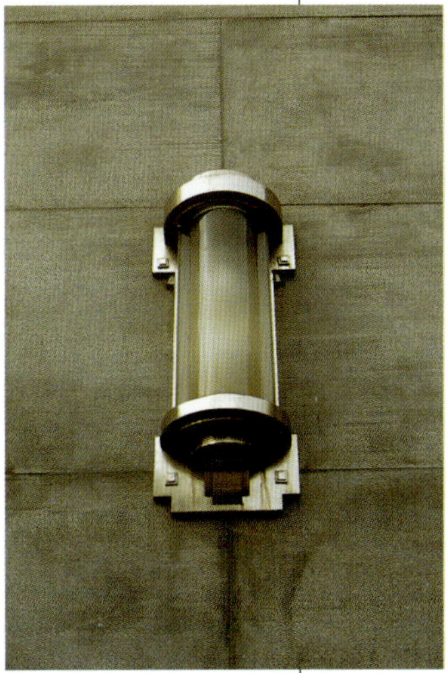

Perú & Diagonal Roca

Legislatura de Buenos Aires
The Legislative Palace of Buenos Aires

El Palacio Legislativo de la ciudad, inaugurado en 1931, cuenta con un subsuelo, el piso principal, cuatro plantas y la torre central, que alcanza los 97 metros y es el punto más destacado del edificio: dentro de ella se encuentra el mecanismo del reloj patrón que mueve las agujas de los cuatro cuadrantes que miran al exterior y otros cien relojes secundarios distribuidos por todo el inmueble. Su mecanismo pone en funcionamiento seis campanas, llamadas La Porteña, La Argentina, La Santa María, La Bemol, La Niña y La Pinta. Otro tesoro es su carillón de 30 campanas fabricado en Alemania. La campana mayor, afinada en Sol, pesa 4.300 kilos, y la menor, en Do, 40. Una pianola de madera de 30 notas permite ejecutar melodías nuevas o escuchar las que se encuentran grabadas, entre ellas la *Canción de cuna* de Brahms y *Noche de paz*.

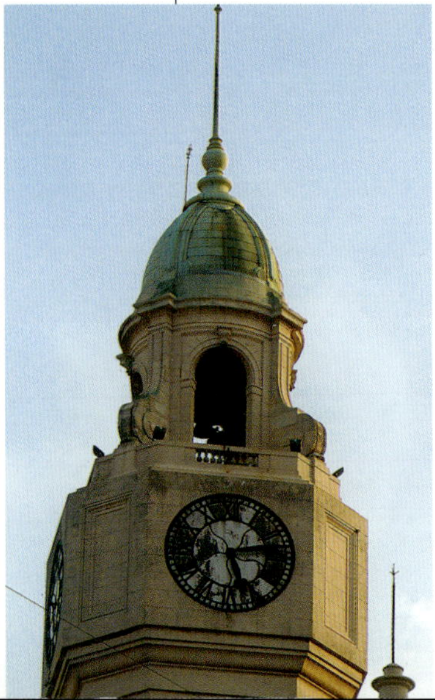

The Legislative Palace of Buenos Aires, inaugurated in 1931, has an underground floor, a ground floor, four levels and a central tower that is 97 meters high and the most noteworthy area of the building. Inside is the main clockwork that moves the hands of the four sundials that are seen from the outside and one hundred other clocks that are distributed throughout the building. Its mechanism runs six bells: *La Porteña, La Argentina, La Santa María, La Bemol, La Niña* y *La Pinta*. Another of its treasures is the 30 bells German carillon. The largest bell is tuned in G and it weighs 4.300 kilos. The smallest, in C, weighs 40.There is also a wooden *pianola* with thirty notes where new tunes can be played. It also offers the chance to listen to pre-recorded ones like Brahms' *Lullaby* or *Silent Night*.

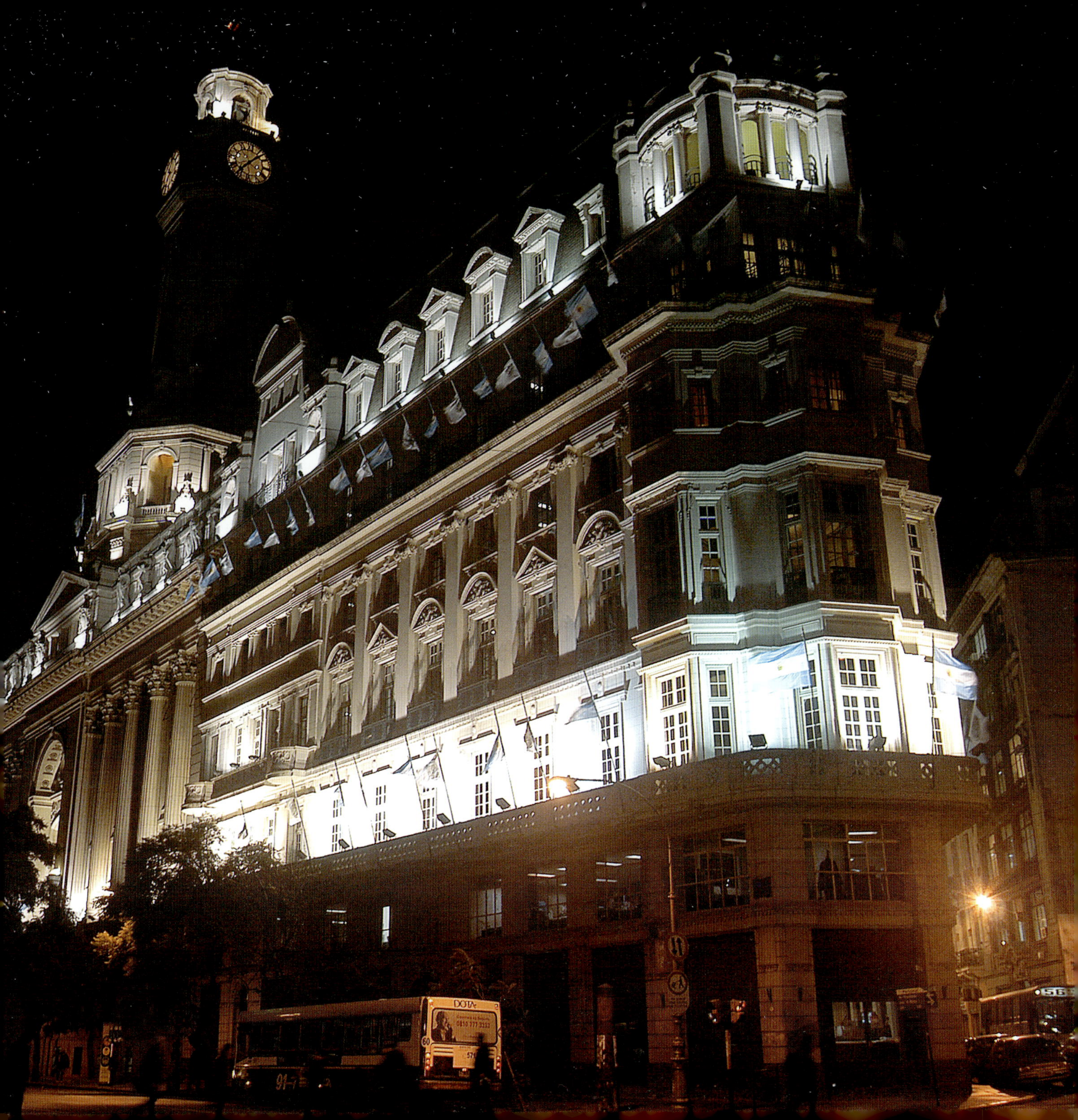
DOTA
60

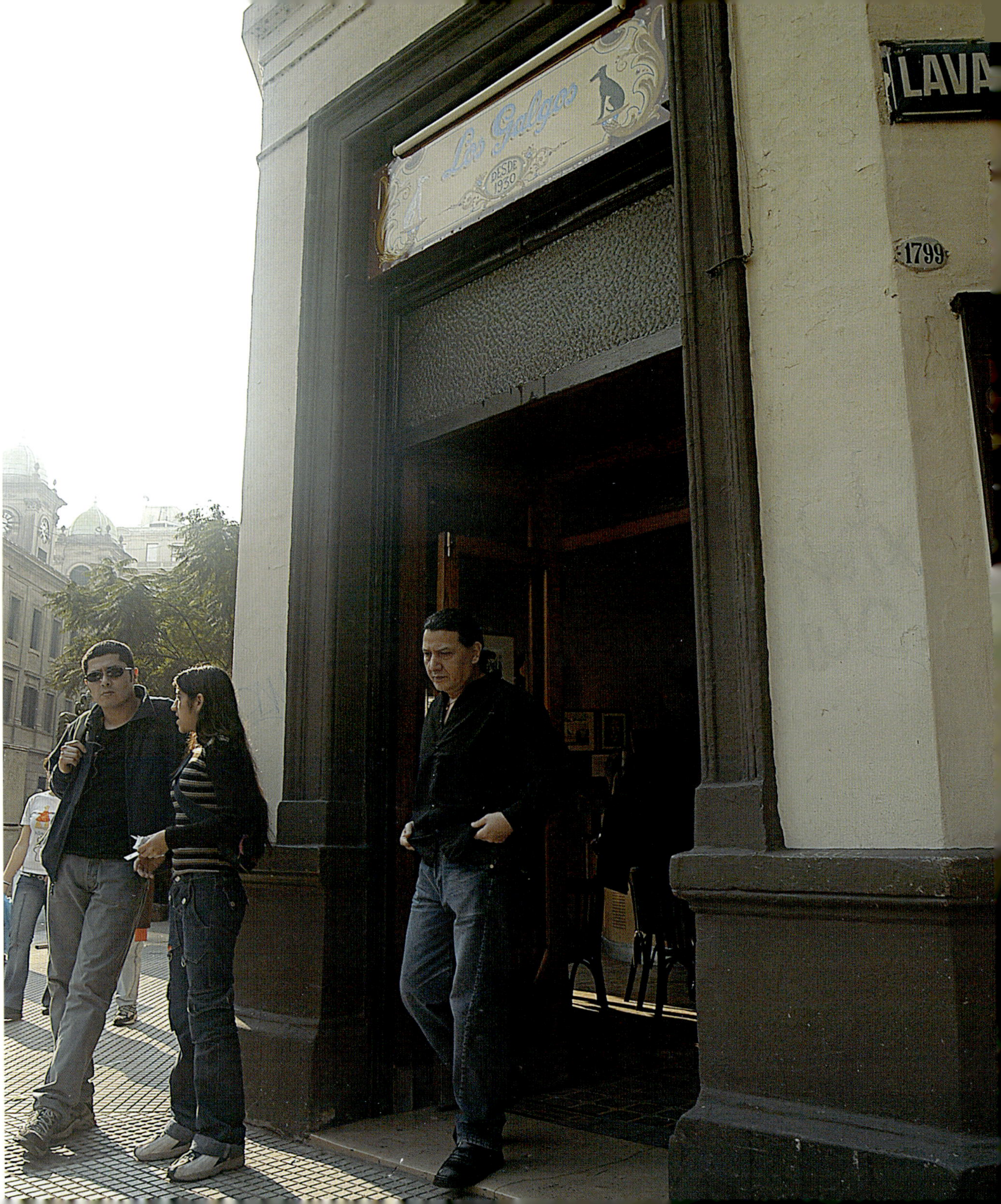
Los Galgos
DESDE 1930
LAVA
1799

Callao & Lavalle

Los Galgos

Entre otras ceremonias, Buenos Aires se caracteriza por ese ritual bautizado "charla de café". Pocillo tras pocillo, que en algunos casos es reemplazado por copas de ginebra, los porteños hablan y hablan: de fútbol, política y mujeres, principalmente, aunque no necesariamente en ese orden. Uno de los templos más clásicos para observar esta liturgia es el bar Los Galgos, que se mantiene tal cual fue inaugurado en 1930. Leyendas del tango como Aníbal Troilo y Enrique Santos Discépolo solían instalarse en sus mesas. Como curiosidad, se debe mencionar que antes de su apertura como almacén y bar funcionó en ese lugar la primera fábrica de máquinas de coser de Sudamérica, Singer.

Among other ceremonies, Buenos Aires characterizes itself for the ritual known as *charla de café* (coffee talk). Cup after cup, which in some cases are replaced by gin shots, *porteños* talk and talk: mainly about football, politics and women, though not necessarily in that order. One of the main places for this "religious" practice is *Los Galgos bar*, which is kept exactly the same as it was opened in 1930. Tango legends like Aníbal Troilo and Enrique Santos Discépolo used to sit at these tables. We should also mention that before it was opened as a groceries' store and bar, this was the location of Singer, the first sewing machine factory in South America.

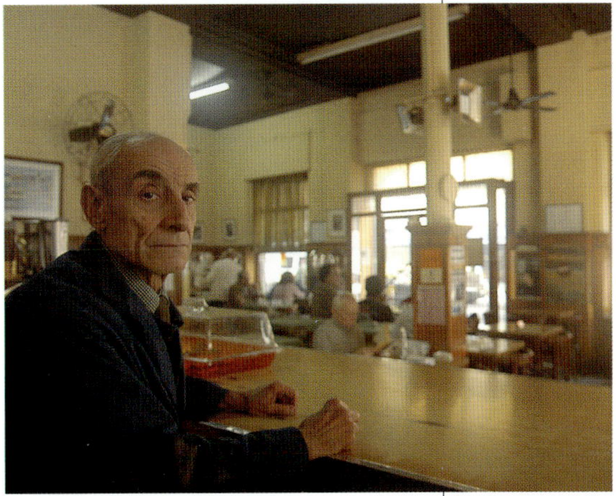

Libertador & Cerrito

"El Rulero"

Su nombre formal es Torre Prourbán, pero por obvias razones, los porteños lo conocen como "El Rulero". Es uno de los edificios de oficinas más característicos de la ciudad, con su forma redonda y sus cientos de ventanas cuadradas, y fue proyectado en 1979 por los arquitectos Manteola, Sánchez Gómez, Santos, Solsona y Viñoly, responsables de otra llamativa obra como es el edificio de Canal 7, la cadena de televisión estatal, en Figueroa Alcorta y Tagle. El Rulero tiene 30 pisos y sus 120 metros lo ubican como una de la más altas de Buenos Aires.

Its real name is *Torre Prourbán*, but for obvious reasons, *porteños* know it as *El Rulero (The Curler)*. It is one of the city's most characteristic office buildings, with its round shape and hundreds of square windows, and was designed in 1979 by the architects Manteola, Sánchez Gómez, Santos, Solsona and Viñoly, also responsible for another remarkable building: Channel 7 TV station, this one located on the corner of Figueroa Alcorta Avenue and Tagle Street. *El Rulero* is a thirty-storey building and its 120 meters place it as one of the tallest towers in Buenos Aires.

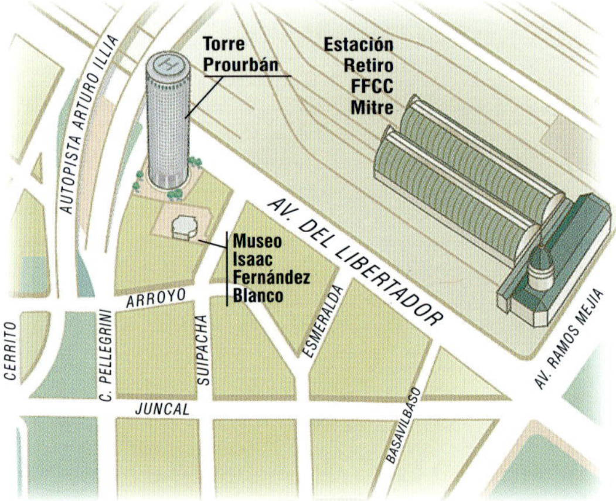

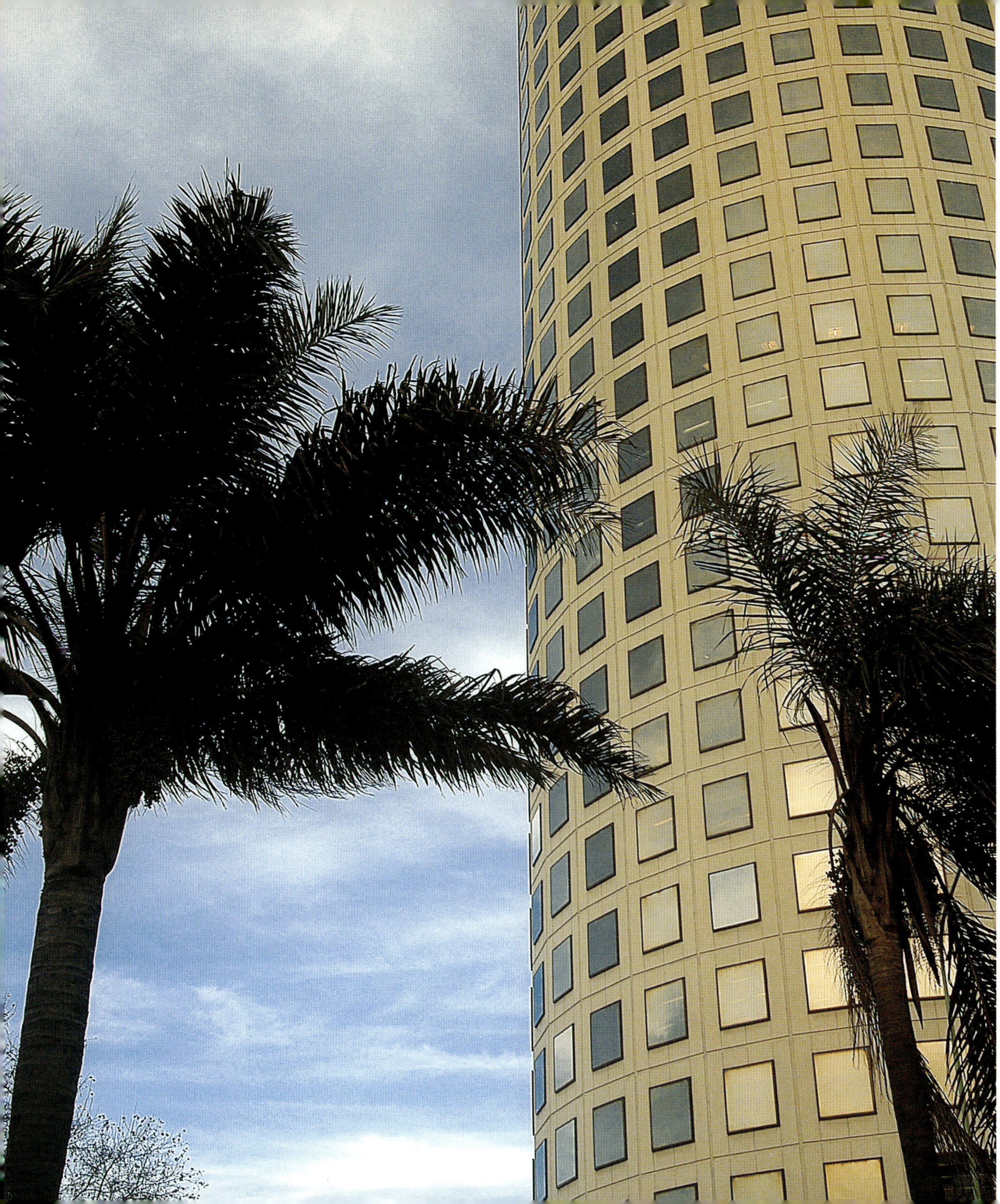

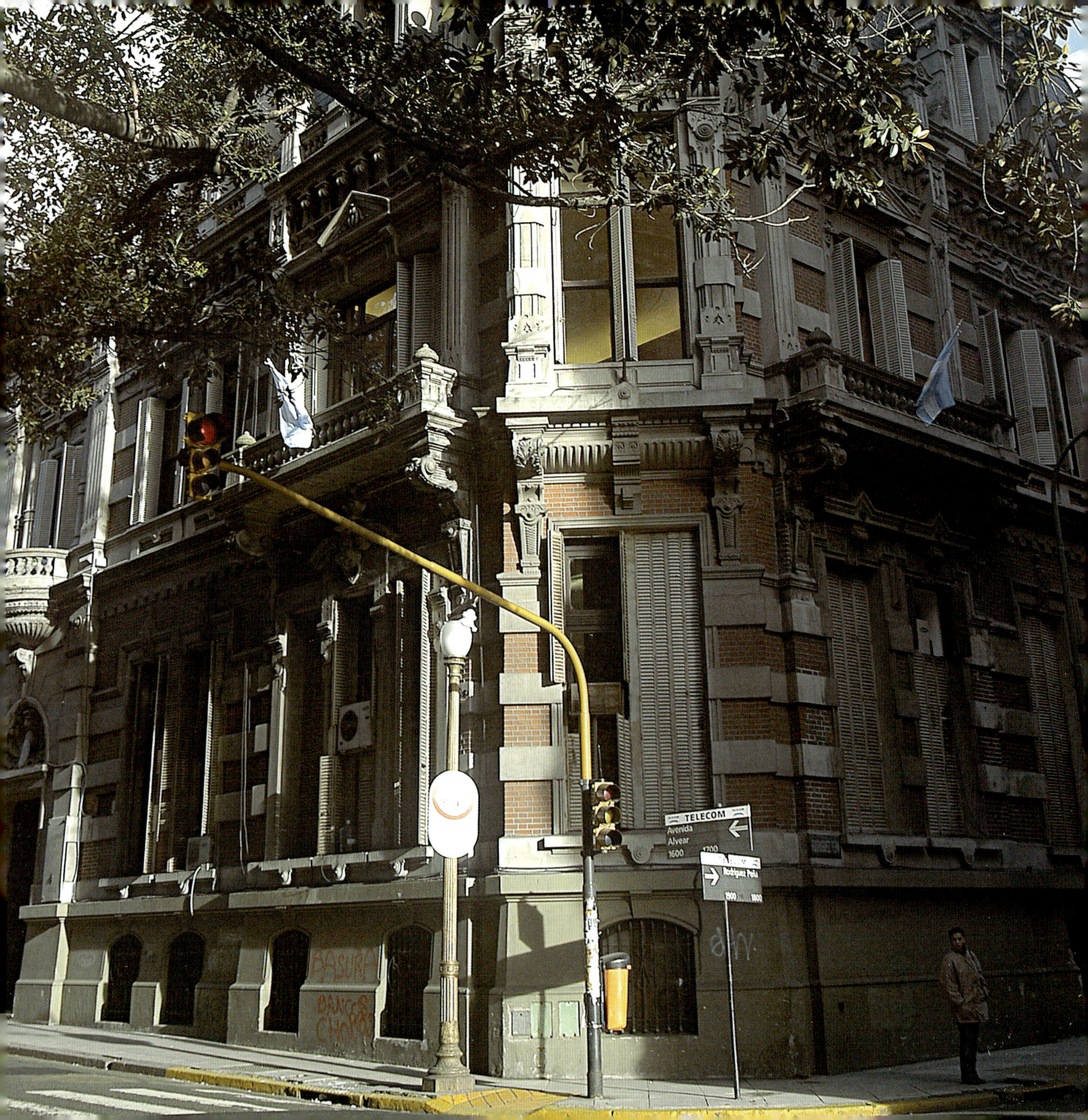
TELECOM
Avenida
Alvear
1600
1700
BASURA

Rodríguez Peña & Alvear

Casa Nacional de Cultura
National House of Culture

Este palacio, cuya construcción concluyó en 1889, era conocido como la Residencia Casey. Luego el edificio pasó a manos de Vicente Casares y de ahí su denominación como Palacete Casares. Más tarde, su dueña fue Teodolina Lezica Alvear de Uriburu, que a su vez lo vendió en 1930, completamente decorado y amueblado, a Adelina María Harilaos de Olmos. Esta devota señora compró la mansión sólo para alojar allí al cardenal Eugenio Pacelli, quien iba a visitar el país en 1934. Con ese motivo, el decorador Luis Gaweloose remodeló y amplió el palacio durante meses. Sin embargo, cuando el cardenal, que sería elegido papa con el nombre de Pío XII en 1939, llegó a Buenos Aires, consideró excesivo el lujo y optó por alojarse en la casa particular de la señora de Olmos, donde actualmente funciona la Nunciatura. Finalmente, a causa de varios desencuentros entre su dueña y Eva Perón, el gobierno expropió la mansión en 1950 e instaló allí el Ministerio de Educación. Hoy, en ese lugar funciona la Casa de Cultura.

The construction of this palace was finished in 1889, at the time it was known as the Casey Residence. Then the building was acquired by Vicente Casares, therefore its denomination as *Palacete Casares*. Afterwards, it was bought by Teodolina Lezica Alvear de Uriburu, who in 1930 sold it completely decorated and furnished to Adelina María Harilaos de Olmos. This devout Catholic lady bought the mansion only to accommodate the cardinal Eugenio Pacelli who would visit the country in 1934. For that reason the decorator Luis Gaweloose worked on the restoration and enlargement of the palace for months. However, when the cardinal, who would be elected pope Pius XII in 1939, arrived in Buenos Aires, he considered the luxury to be excessive and chose to stay in one of Mrs. Olmos' own homes, which nowadays is the building of the Nunciature. It was because many disagreements with Eva Perón that the Government expropriated the mansion in 1950 and gave it to the Ministry of Education. Today it works as the *Casa de Cultura (Cultural House)*.

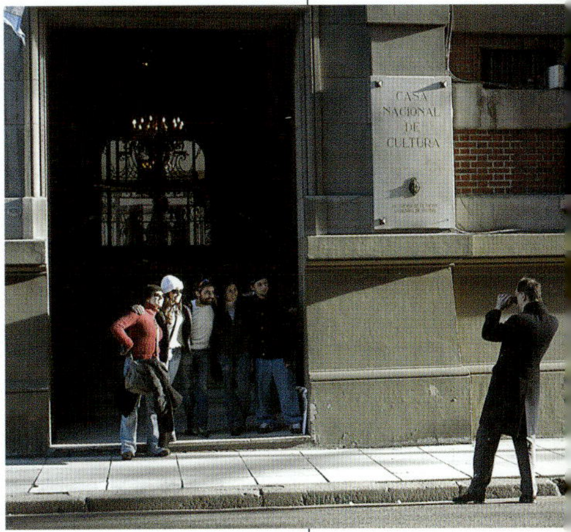

Juramento & Cuba

Museo Histórico Sarmiento
Sarmiento Historical Museum

Esta mansión de estilo italiano, proyectada por el arquitecto Juan Antonio Buschiazzo en 1869 e inaugurada en 1872 como sede de la Municipalidad del pueblo de Belgrano, tiene más historia de la que muchos suponen: fue sede del Gobierno Nacional en 1880, cuando porteños y provincianos se enfrentaron armas en mano, en el último coletazo de las guerras civiles que intermitentemente se habían desarrollado desde la independencia del país. Y en esta casa se promulgó en diciembre de ese año la ley que declaró a la ciudad de Buenos Aires como Capital Federal de la Nación y que sirvió de herramienta para la paz definitiva. Ocho años después, Belgrano fue anexado al resto de la ciudad como barrio. Desde 1938, en el solar funciona un museo dedicado a Domingo Faustino Sarmiento.

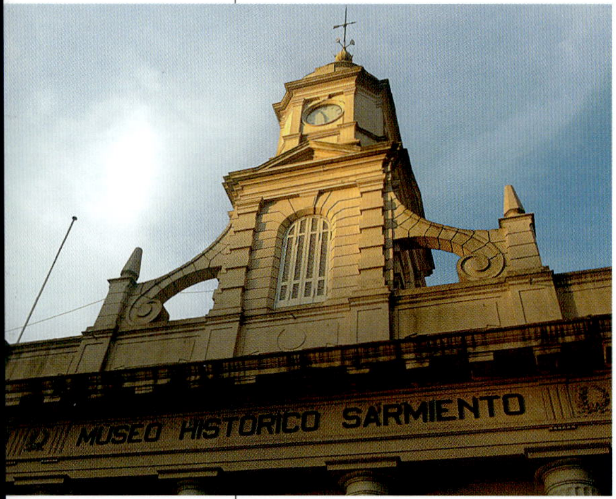

This Italian-style mansion, designed by architect Juan Antonio Buschiazzo in 1869 and inaugurated in 1872 as the Municipality of Belgrano town, has a bigger history than most people would assume: it was the National Government's House in 1880, at the time of the confrontation between Buenos Aires and the provinces in what was the last portion of the many civil wars that had been taking place since Argentina's independence day. It was in this house where in December of that same year a law was proclaimed which appointed Buenos Aires as the Country's Federal District and helped with the restitution of peace. Eight years later Belgrano was attached to Buenos Aires as a neighborhood. Since 1938 this house works as a museum dedicated to Domingo Faustino Sarmiento.

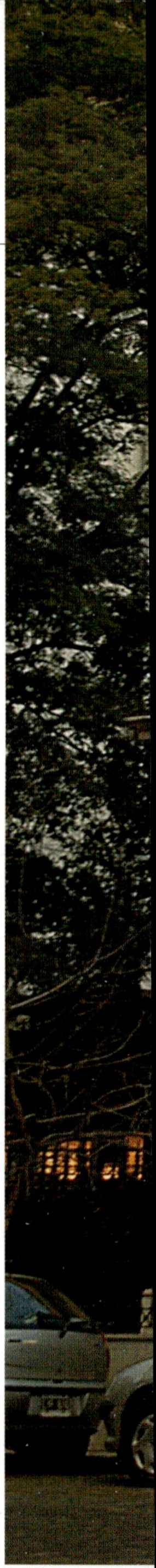

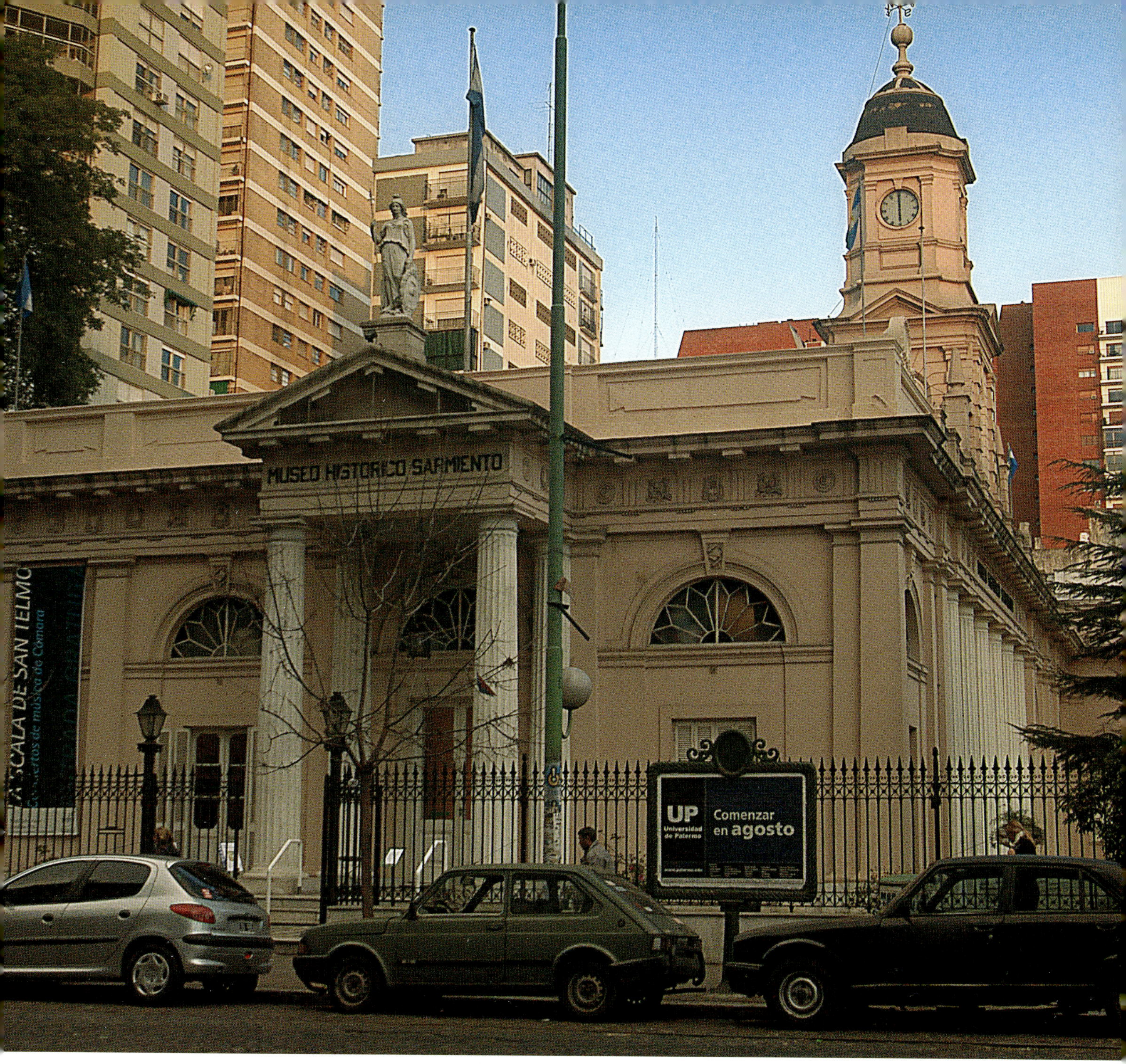
MUSEO HISTORICO SARMIENTO
UP
Universidad de Palermo
Comenzar
en agosto

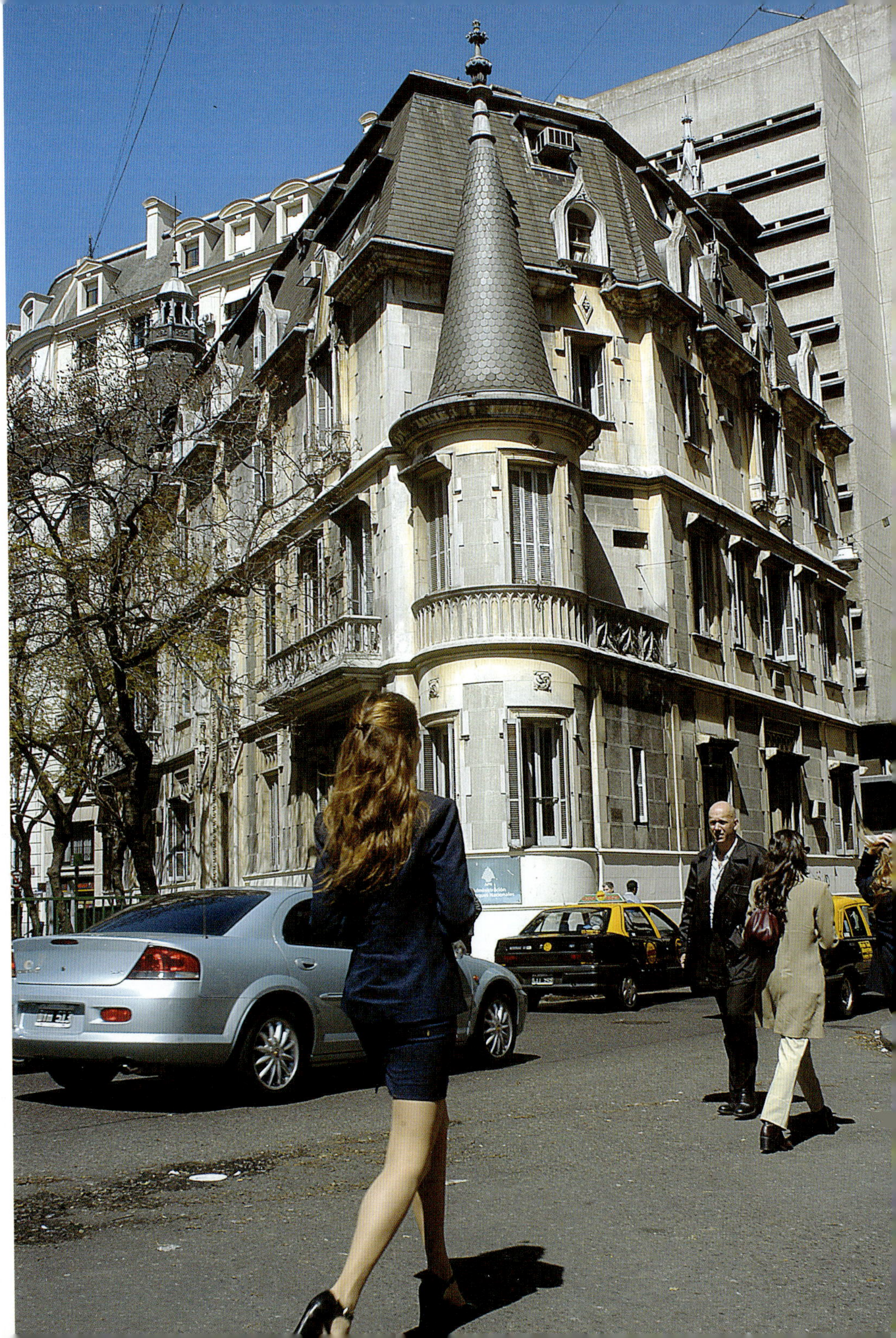

Santa Fe & Maipú

Parques Nacionales
National Parks

En la residencia ubicada en el pequeño triángulo delimitado por la avenida Santa Fe, Maipú y Marcelo T. de Alvear se emplaza el edificio de la Administración de Parques Nacionales, que alberga a la repartición que dirige y administra las reservas de fauna y flora del país. Fue construido por la familia Haedo alrededor de 1880, y es otro testimonio que contribuye a la sofisticación de la zona de Plaza San Martín. Años más tarde fue adquirido por la familia Villar y remodelado en la década del '20 por el arquitecto Jean-Claude Passeron. Se destaca su cúpula de pizarra negra en forma de cono. En la década del '40 fue comprado por el Estado para convertirlo en sede de Parques Nacionales. Hoy, en la planta baja funciona una biblioteca abierta al público especializada en libros sobre reservas naturales de Argentina y Latinoamérica.

The residence located in the small triangle defined by Santa Fe Avenue, Maipú and Marcelo T. de Alvear Streets, is where the National Parks Administration has its offices, which run and manage Argentina's flora and fauna reservations. The building was constructed by the Haedo family circa 1880 and is testimonial to *Plaza San Martín's* sophistication. It was acquired by the Villar family many years later and remodeled in the 1920s by the architect Jean-Claude Passeron. Its most distinctive feature is the cone-shaped slate dome. It was bought in the 1940s by the Government to make it the National Parks Administration headquarters. There is an open library on its ground floor that specializes in books about National Parks in Argentina and Latin America.

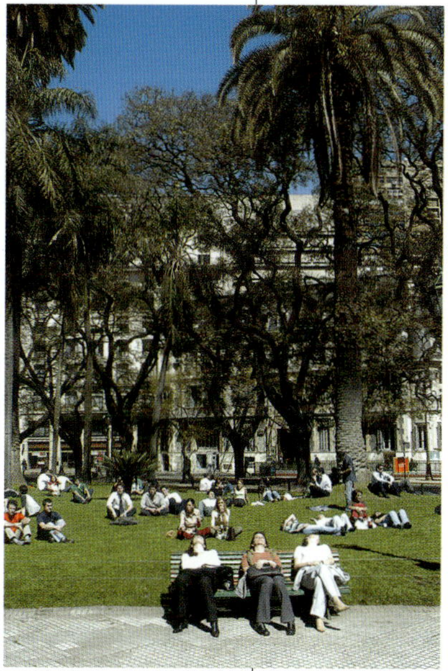

Defensa & Humberto 1°

Bar Dorrego

Buenos Aires tiene su propia Torre de Babel. Y es esta esquina: a toda hora pasan por aquí turistas de todo el mundo que recorren el barrio de San Telmo y hacen de la Plaza Dorrego y los bares que la rodean su centro de operaciones. Especialmente los domingos, cuando se instala la Feria de los Anticuarios: resulta difícil caminar por la multitud, pero se consiguen increíbles botellas, monedas, esculturas, muebles y otros objetos raros de larga data. La zona, además, sirve de escenario a decenas de artistas callejeros, desde estatuas vivientes a bailarines de tango, que buscan atraer con su talento a extranjeros y porteños que aún se asombran de que tanta gente visite su ciudad.

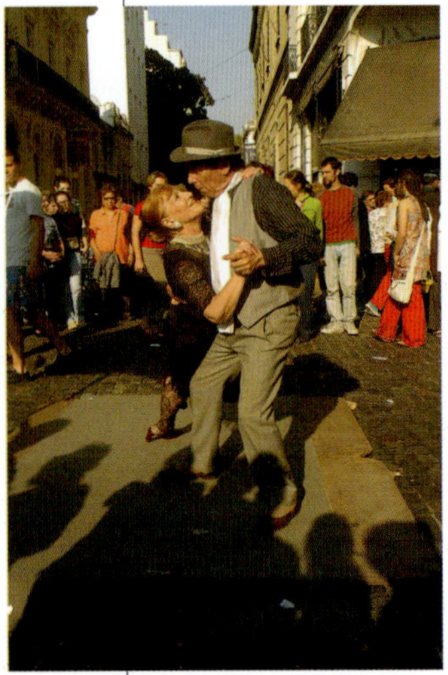

Buenos Aires has its own Tower of Babel. It is this corner: at all hours there are tourists from around the world who are visiting *San Telmo* and make *Plaza Dorrego* and the bars surrounding it their center of operations. Especially on Sundays, when the Antiques Fair is set up. It can be difficult to walk through the crowd but you may come across great findings such as bottles, coins, sculptures, pieces of furniture and other very old curiosities. The area also sets the stage for dozens of street artists, such as live statues or tango dancers, who try to lure with their talents not only the foreign travelers but also the *porteños* who are still amazed by the quantity of foreigners visiting their town.

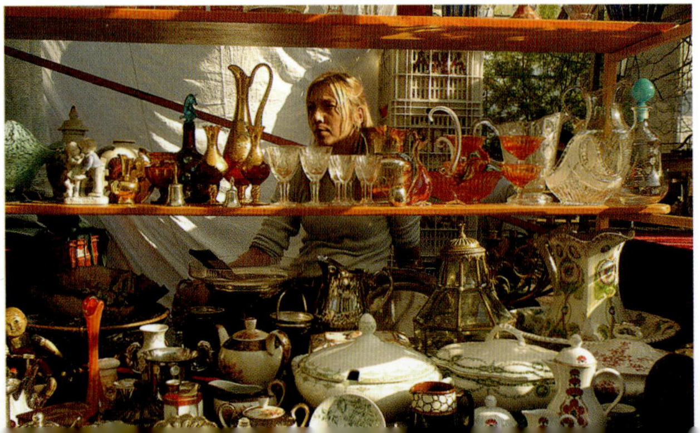

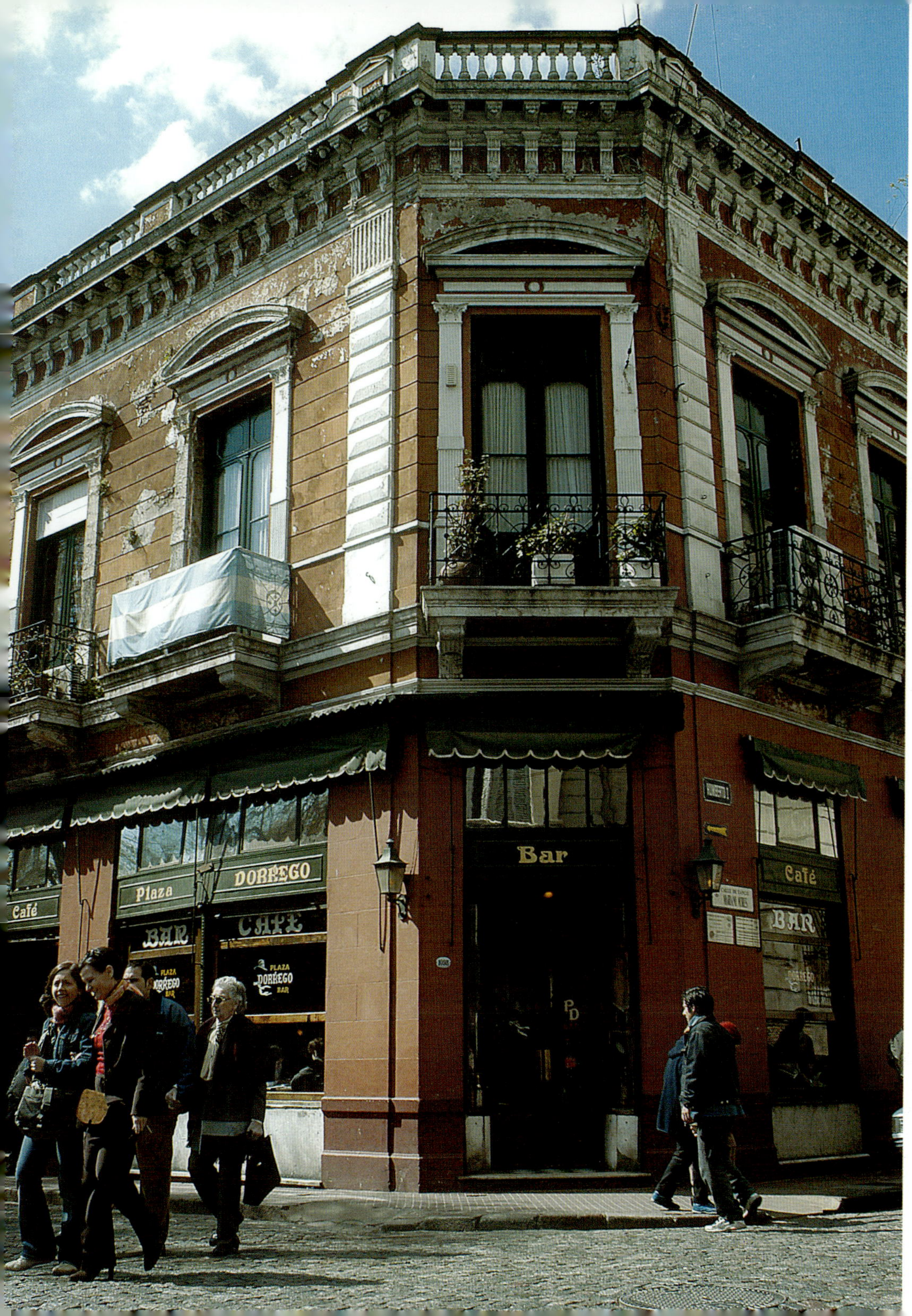
Plaza
DORREGO
Café
BAR
CAFE
Bar
Café
BAR

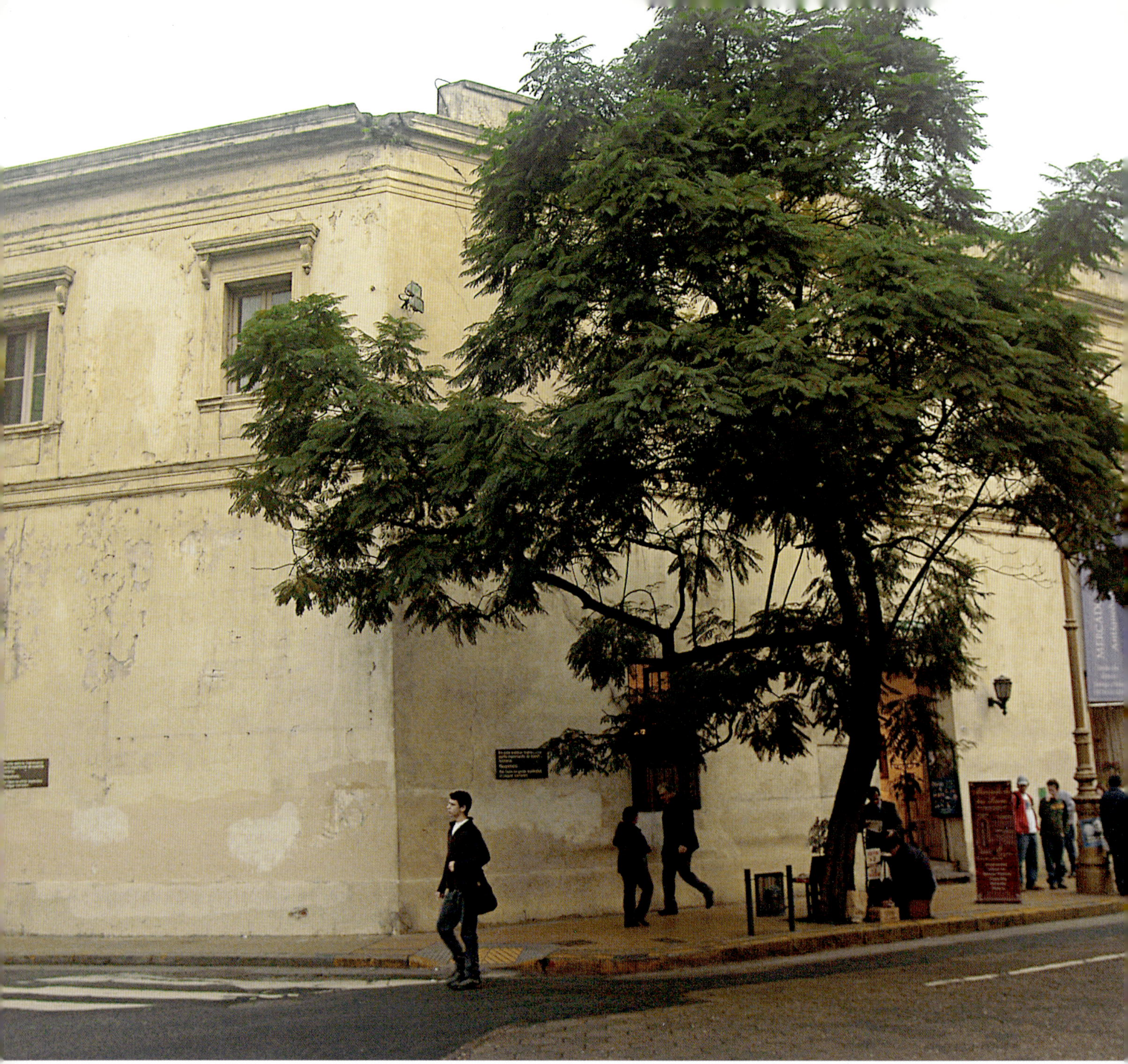

Diagonal Roca & Alsina

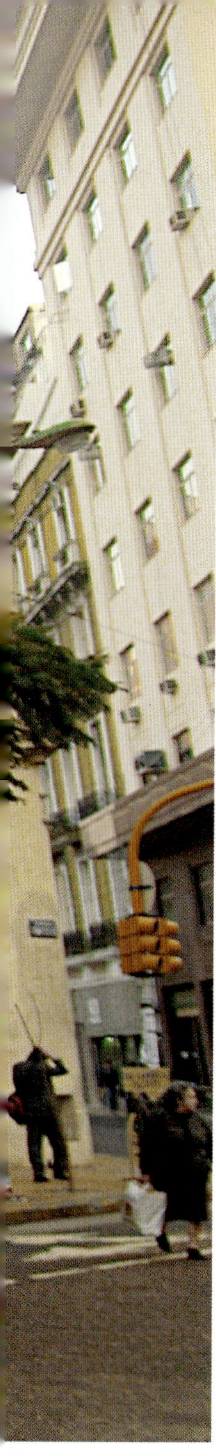

Manzana de las Luces
(The Block of the lights)

Es el corazón histórico de la ciudad y una buena idea de su antigüedad la aporta el hecho de que su sobrenombre, que hace referencia a su función como centro del saber, se lo puso allá por 1821 el periódico *El Argos*. La Compañía de Jesús se instaló en esta manzana en 1661 y de su paso quedan hoy como muestras la Iglesia de San Ignacio, la más antigua de la ciudad, la Procuraduría de las Misiones, que administraba los bienes producidos por los indios guaraníes y un claustro del colegio que con el tiempo sería el Nacional de Buenos Aires. También funcionó aquí la primera imprenta del Virreynato, la primera biblioteca y se creó en 1821 la Universidad de Buenos Aires. En la Sala de los Representantes funcionaron la Legislatura Provincial y el Congreso Nacional. Hoy, uno de sus principales atractivos es la red de túneles que aparentemente servían para el contrabando de esclavos y mercaderías.

It is the historic center of the city. Its name came from the fact that it was once a central place of knowledge. It was named by *El Argos* newspaper in 1821, which gives an idea of its antiquity. The Company of Jesus settled on this block in 1661. From that era we can still find San Ignacio's Church –the oldest in Buenos Aires–, the Missions headquarters which managed the goods produced by the native guaraní people, and one of the school's cloisters which eventually became part of the *National School of Buenos Aires*. This was also the site of the viceroyalty's first press, its first library and the foundation of the University of Buenos Aires. Its Representatives Chamber was once home to the Provincial Legislature and the National Congress. Nowadays, one of its main attractions are the underground tunnels that are believed to have been used in the smuggling of slaves and merchandise.

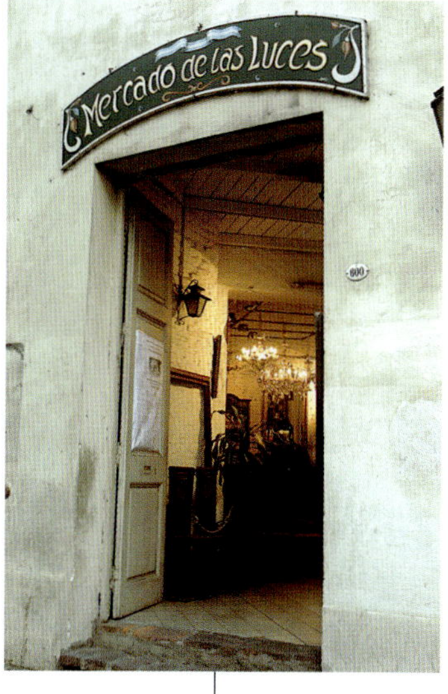

Florida & Diagonal Norte

Bank Boston

La sede central en Argentina del Bank Boston, inaugurada en 1924, fue ideada por los arquitectos Chambers y Thomas, supervisados por el estudio York & Sawyer, de Nueva York. El proyecto reconoce la influencia del Renacimiento español y su estilo se asemeja al del convento de San Marcos, en León, tomando algunos detalles de la Catedral en la Plaza de la Platería de Santiago de Compostela. La puerta principal del banco, con frente a la calle Florida, tiene una altura de 17 metros y sus adornos y esculturas se inspiran en el Hospital de Santa Cruz de Toledo. El lado ubicado sobre la esquina de Florida remata en una destacada cúpula techada con tejas coloniales.

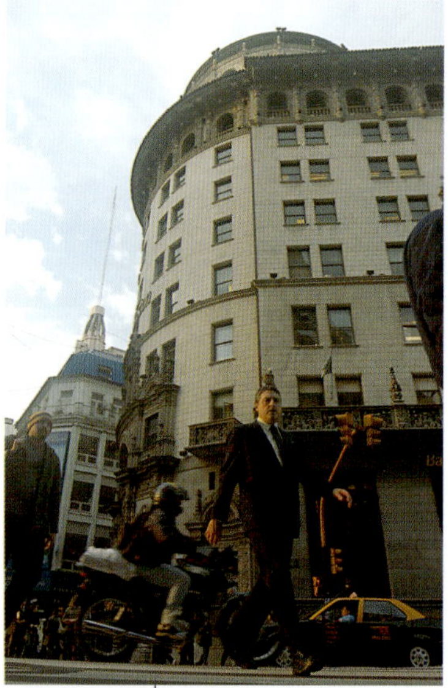

The central office of Bank Boston in Argentina opened in 1924 and was designed by architects Chambers and Thomas under the supervision of York & Sawyer studio, from New York. The project was influenced by the Spanish Renaissance and its style is reminiscent of the Convent of San Marcos at León, taking also a few details from the Cathedral at *Plaza de la Platería* at Santiago de Compostela. The bank's main door, overlooking Florida Street, is 17 meters high and its ornamentations and sculptures were inspired by those of the *Hospital de Santa Cruz* at Toledo, Spain. The side overlooking Florida Street corner is topped with a remarkable dome covered with colonial tiles.

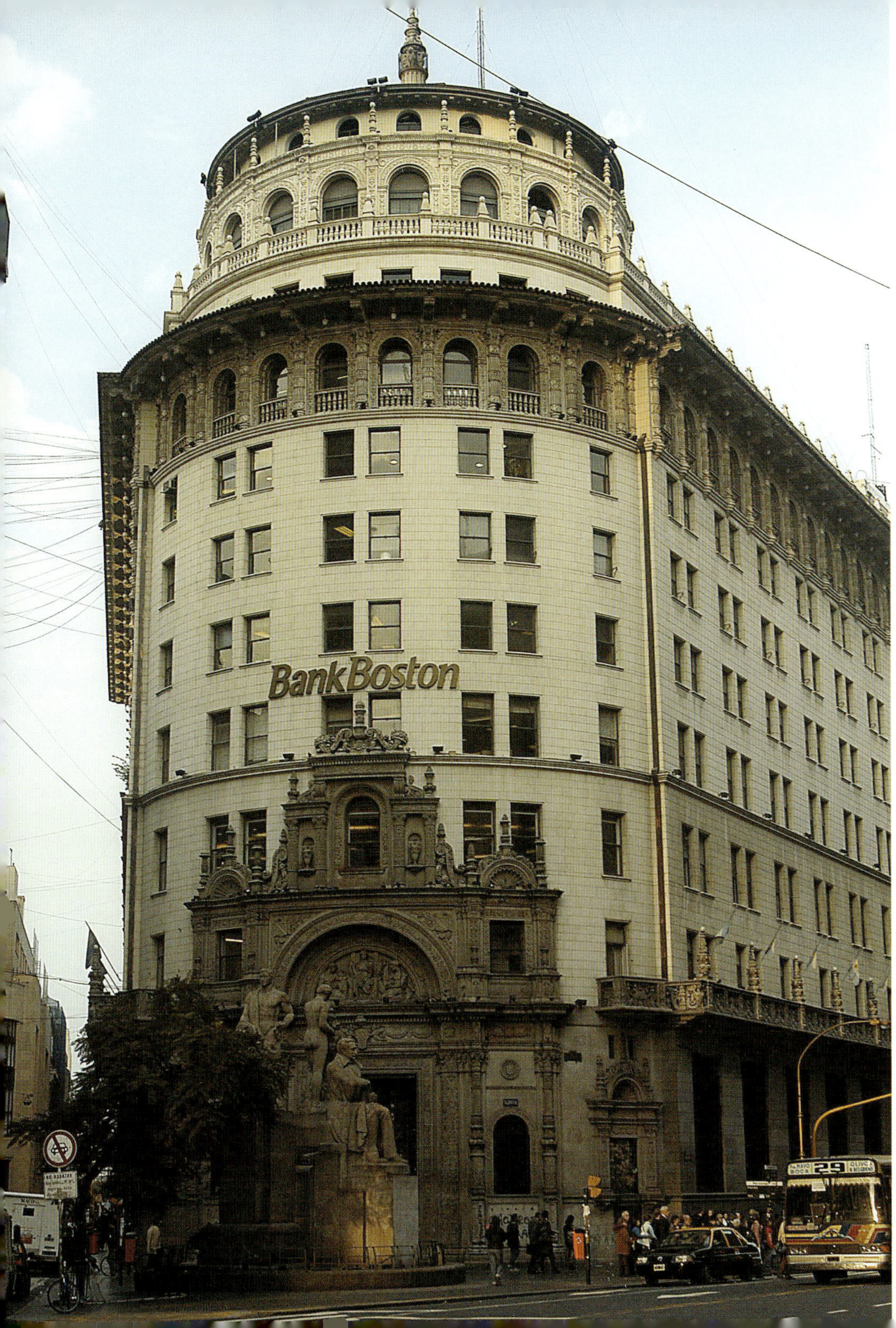
BankBoston

& Cerrito

Arroyo

Palacio Atucha

Atucha Palace

Este magnífico exponente de la influencia francesa en la fisonomía porteña fue realizado a pedido de Jorge Atucha por el arquitecto francés René Sergent, en 1924. Junto con los edificios vecinos de las embajadas de Francia y de Brasil, es una de las grandes obras arquitectónicas ubicadas alrededor de la Plaza Pellegrini. La residencia original poseía planta baja, dos pisos y buhardilla con mansarda como remate. En la década del ’40 el edificio fue vendido y subdividido en departamentos. En la medianera Este, que da a la Plazoleta Cataluña, sobre la Avenida 9 de Julio, hoy se luce un mural creado por el pintor catalán Joseph Niebla.

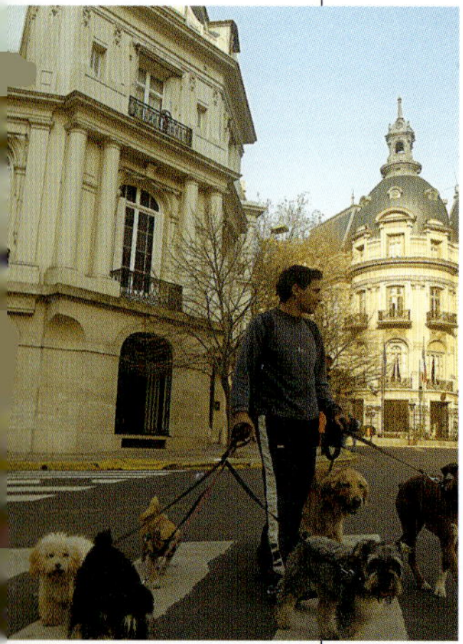

This magnificent exponent of the French influence in Buenos Aires’ appearance was built in 1924 by the French architect René Sergent, as requested by Jorge Atucha. Along with its neighbors, the French and Brazilian embassies, it is one of the great architectural works that surround *Plaza Pellegrini*. The original residence had a ground floor, two levels and an attic. In the forties the building was sold and later divided into several apartments. On its eastern wall overlooking *Plazoleta Cataluña* and 9 de Julio Avenue, there is a mural created by the Catalan artist Joseph Niebla.

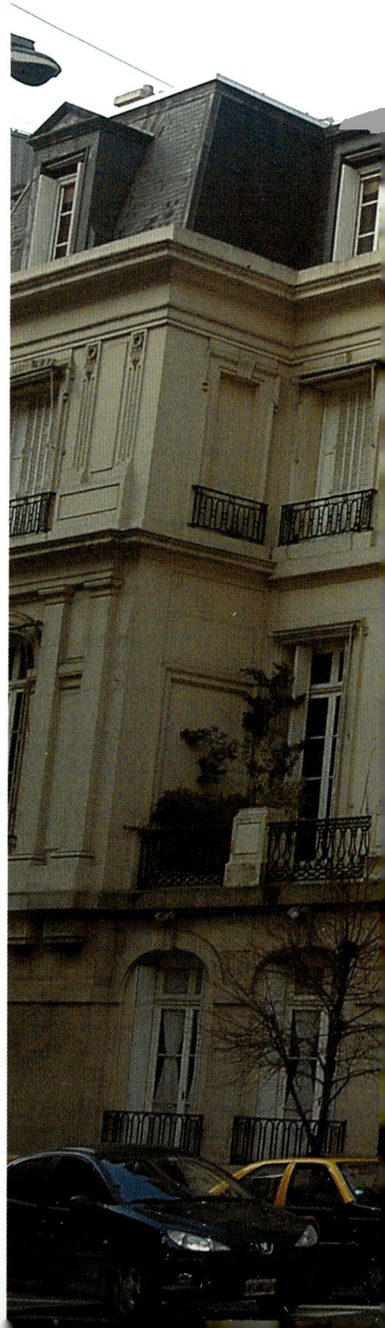

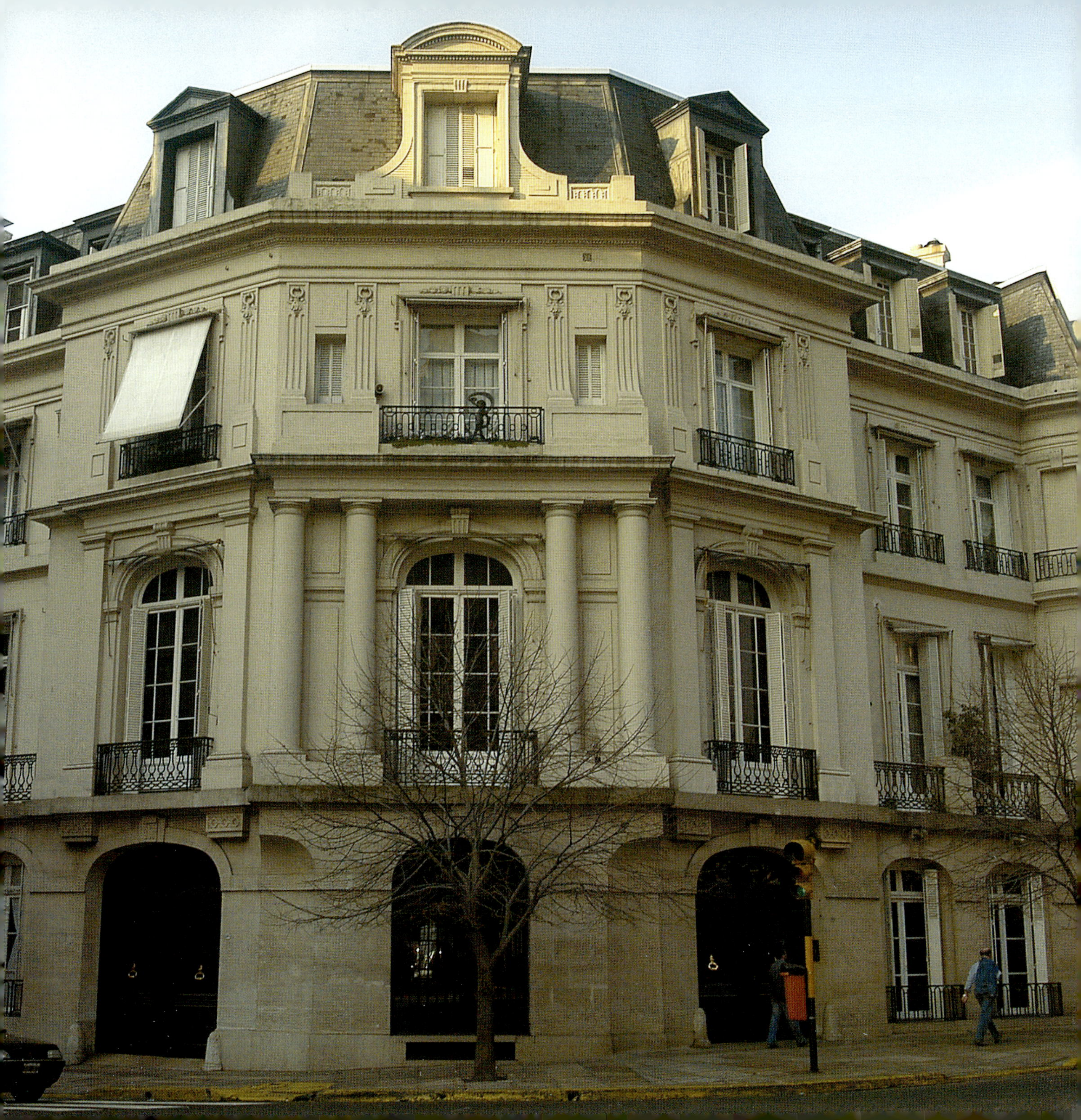

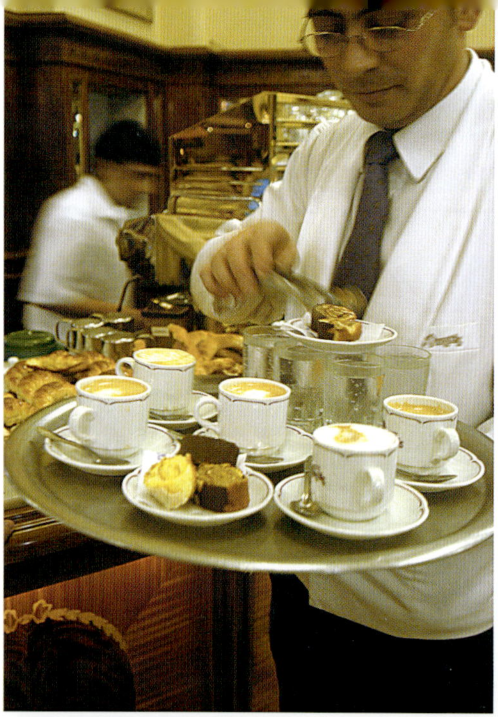
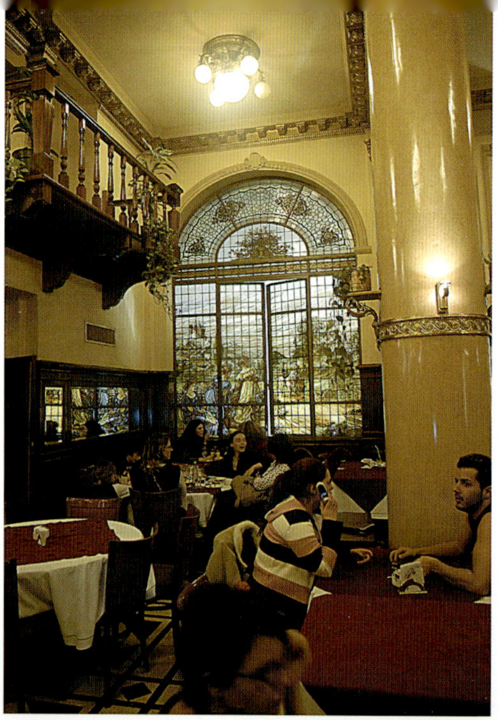
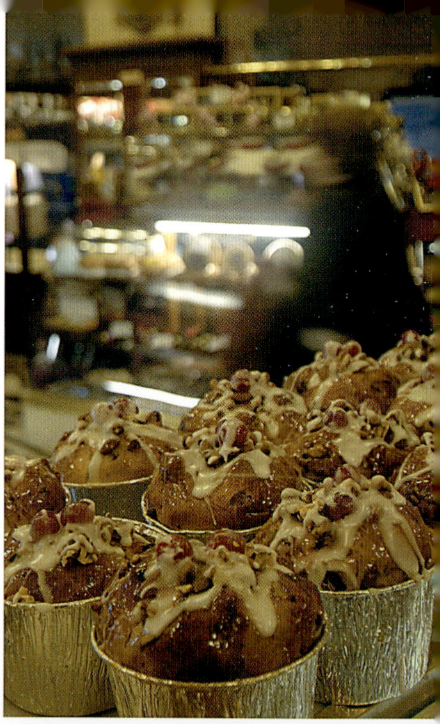
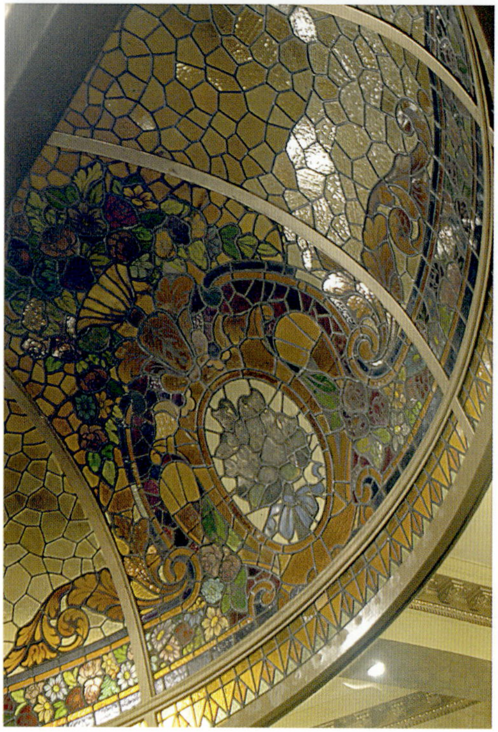
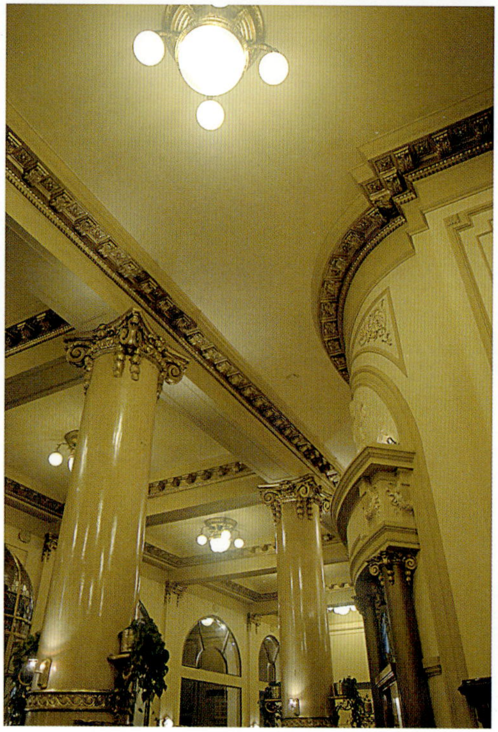
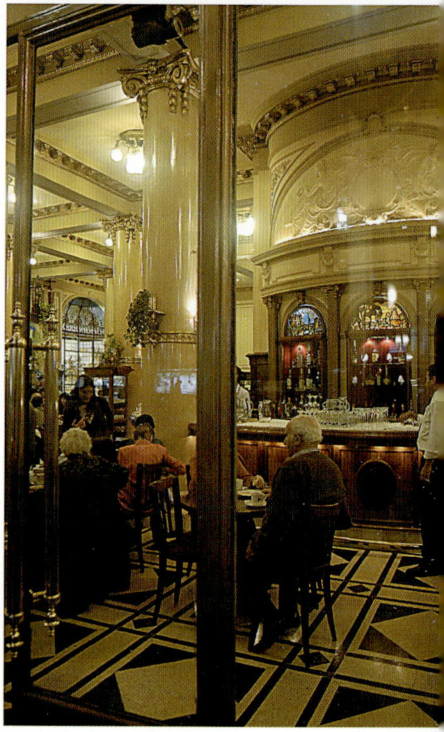

Rivadavia & Medrano

Las Violetas

En 1876, la compañía Anglo Argentina construyó un ramal de tranvías a caballo desde Plaza de Mayo a Flores, sobre la avenida Rivadavia, lo que sumado a la expansión económica de la época, dio gran impulso a todo el corredor Oeste. Y entre otros barrios se desarrolló Almagro, cuya joya, desde entonces, es la confitería Las Violetas, inaugurada el 21 de septiembre de 1884, aunque el edificio actual se levantó en la década de 1920. Con sus vidrieras y puertas de vidrios curvos, sus vitrales franceses y sus pisos de mármol italiano, fue restaurada a nuevo en 2001. La Legislatura de Buenos Aires la declaró Area de Protección Histórica y de Interés Cultural, aunque eso olvida de su verdadero atractivo: el café vienés en vaso imperial, el candeal con yema y los bizcochitos de chocolate, sus menús más típicos.

In 1876, the Anglo Argentina company built a branch of horse-drawn tramcars that went from *Plaza de Mayo* to Flores, over Rivadavia Avenue, together which with the economic expansion of the time, gave a great boost to the west side of the city. This resulted in the development of several neighborhoods, among them Almagro. Its jewel, since then, is Confitería (coffee bar) *Las Violetas*, inaugurated on September 21st 1884, even though its present building was erected in the 1920s. Its doors and windows are made of curved glass and French stained glass and it has Italian marble floors. It was fully restored in 2001. The Government of Buenos Aires proclaimed it a Historical Protection and Cultural Interest Site but this doesn't say much about its true appeal: the Viennese coffee served in its special "imperial" cup, the egg flip with yolk and the chocolate biscuits are its most typical menu items.

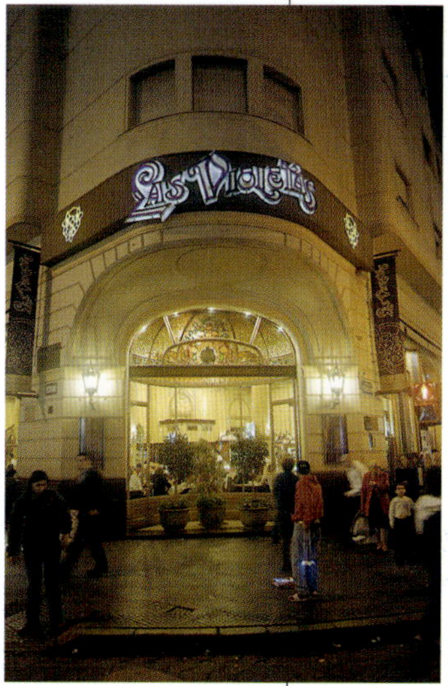

Rivadavia & 25 de Mayo

Banco de la Nación
Bank of the Nation

Cuando Buenos Aires amanecía a la historia, esta esquina era conocida como el "hueco de las ánimas", por ser vecina al cementerio de la Catedral. Muchos años más tarde, en 1857, fue inaugurado en este mismo lugar el primer Teatro Colón, que dejó su espacio al Hotel Argentino, donde José Hernández escribió el poema gauchesco *Martín Fierro*. Finalmente, en 1888, el terreno fue transformado en la sede central del Banco Nacional, que en 1891 pasaría a llamarse Banco de la Nación Argentina. El actual edificio fue diseñado por Alejandro Bustillo, un arquitecto responsable de otras grandes obras como el Hotel Llao Llao, en Bariloche, y el Casino y Hotel Provincial, en Mar del Plata. La construcción comenzó en 1937 y terminó en 1955. Merece especial atención el salón central del edificio, cuya bóveda de 50 metros de diámetro, 36 metros de alto y ocho pilares que soportan 52.000 toneladas, es superada por pocas en el mundo.

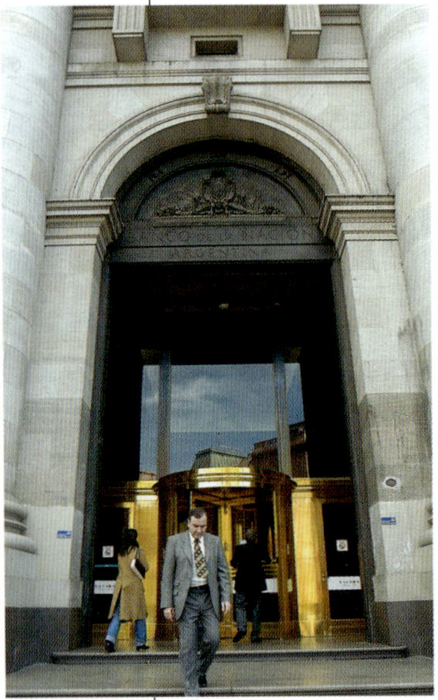

When Buenos Aires was dawning into history, this corner was known as *"el hueco de las ánimas" (the souls' hollow)*, because of its closeness to the Cathedral's cemetery. Many years later, in 1857, this was the site of the first *Teatro Colón*, which then left this space to *Hotel Argentino*, where José Hernández wrote the famous *gaucho* poem *Martín Fierro*. Finally, in 1888 the place was transformed into the headquarters of the National Bank, which in 1891 changed its name to *Bank of the Nation*. The building was designed by the architect Alejandro Bustillo, also responsible of other national landmarks such as Llao Llao Hotel in Bariloche and the *Casino* and *Hotel Provincial* in Mar del Plata. The construction began in 1937 and was finished in 1955. The most remarkable part of the building is its Central Hall and its dome. Its diameter is 50 meters; it is 36 meters high and is sustained by eight pillars that hold 52 thousand tons, one of the grandest in the world.

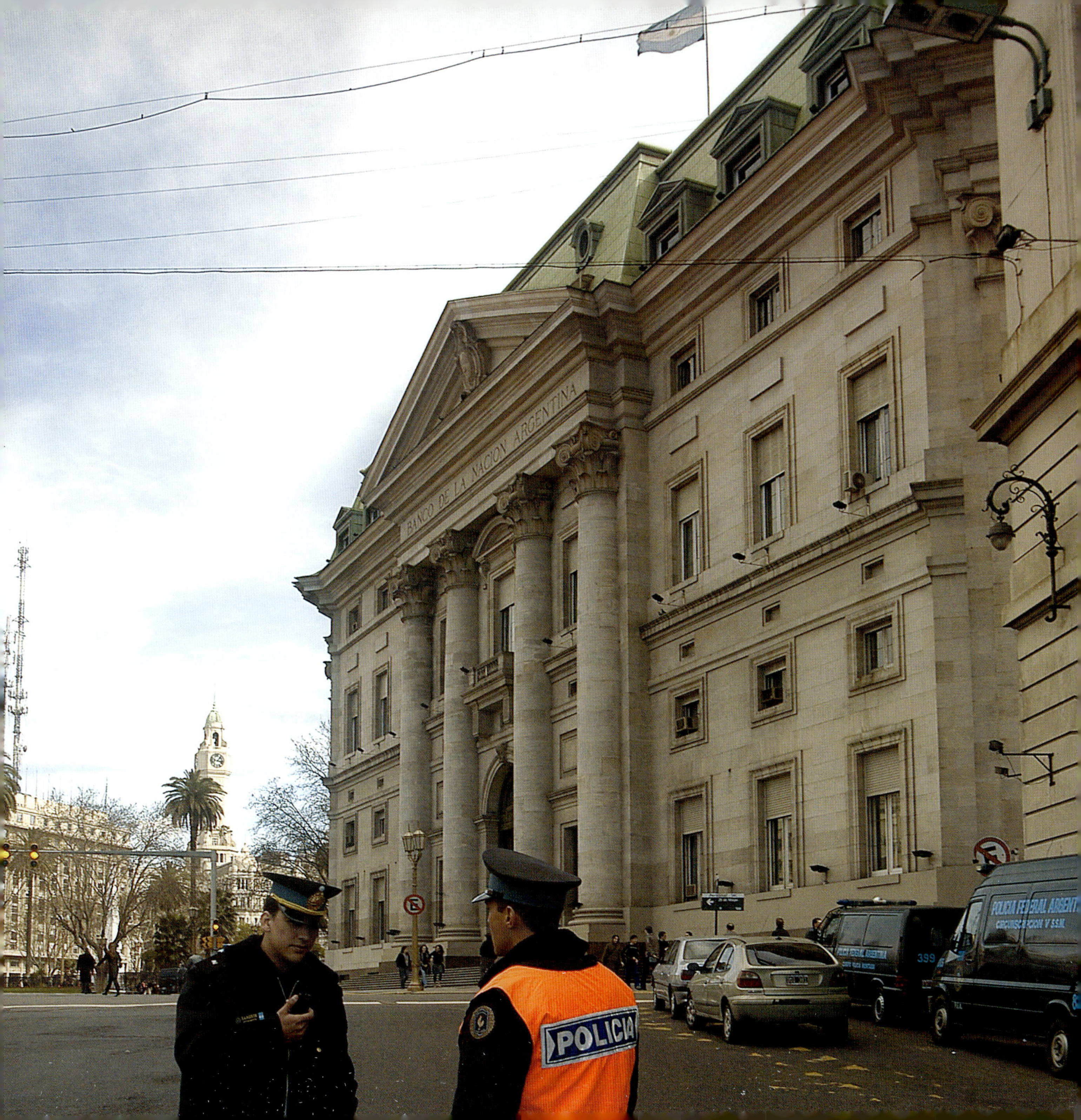
BANCO DE LA NACION ARGENTINA
POLICIA

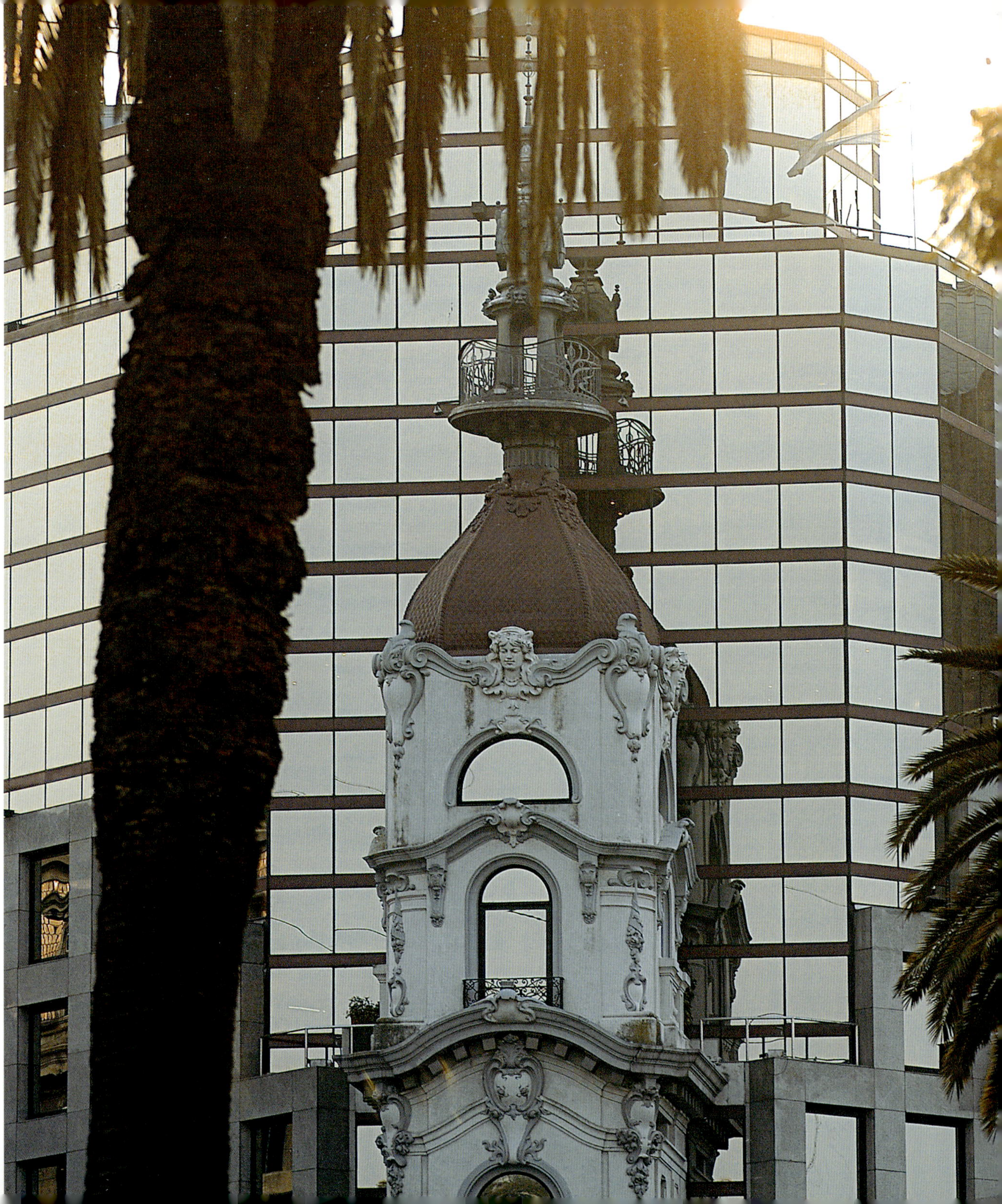

Talcahuano & Tucumán

Torre Mirador Massué

El edificio de estilo *art nouveau* de la esquina de Talcahuano y Tucumán, frente a la Plaza Lavalle, fue diseñado por el arquitecto Alfredo Massué y construido para David Costaguta en 1907. El conjunto de viviendas y negocios incluía cuatro plantas con sótanos, entrepisos, altillos y azoteas. En los años noventa el conjunto fue modificado por los arquitectos Cafarini y Vainstein. Actualmente se conserva la torre principal con cúpula, y de fondo se levanta un edificio de oficinas de vidrios espejados que responde al estilo geométrico-racionalista. Se trata de pisos altos, con balcones de hierro, rejas, ornamentos y carpinterías donde comulgan lo antiguo con lo moderno.

The *Art Nouveau* building in the corner of Talcahuano and Tucumán, in front of *Plaza Lavalle,* was designed by the architect Alfredo Massué and built by David Costaguta in 1907. The building was a conjunction of apartments and retail stores. It included four levels with cellars, mezzanines, attics and terraces. In the nineties it was modified by the architects Cafarini and Vainstein. Nowadays we can see the main tower with its dome and in the background a new mirrored glass office building, which was designed in geometric-rationalist style. It has high floors, with wrought iron balconies and grilles, ornaments and ceilings which combines the old with the new.

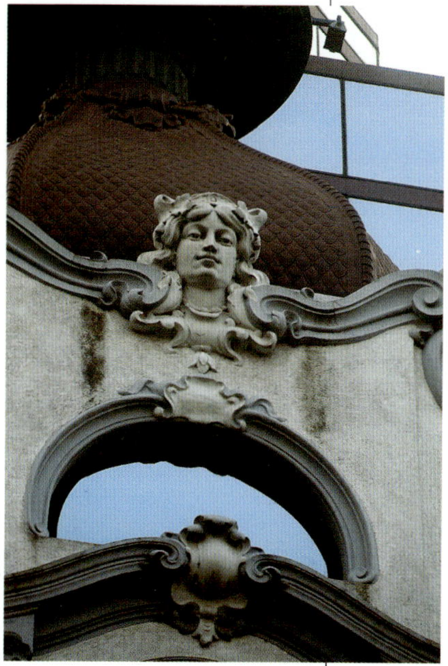

Libertad, Juncal & Quintana

Las Cinco Esquinas
The Five Corners

El cruce de las calles Libertad, Juncal y Quintana es uno de los puntos más clásicos del elegante Barrio Norte y los porteños conocen el lugar como “Las cinco esquinas”. Pocos vecinos recuerdan que la refinada y coqueta Avenida Quintana, que nace en esta intersección, antiguamente se llamaba Calle Larga de Recoleta y comunicaba el Convento de los Recoletos con la ciudad, que a fines del siglo XIX terminaba en lo que hoy es la avenida 9 de Julio. La zona, entonces, estaba ocupada por quintas y chacras y resultaba realmente peligroso circular de noche por esta calle oscura, de ancho desigual, sin cercas y bordeada por acequias que transportaban el agua de lluvia.

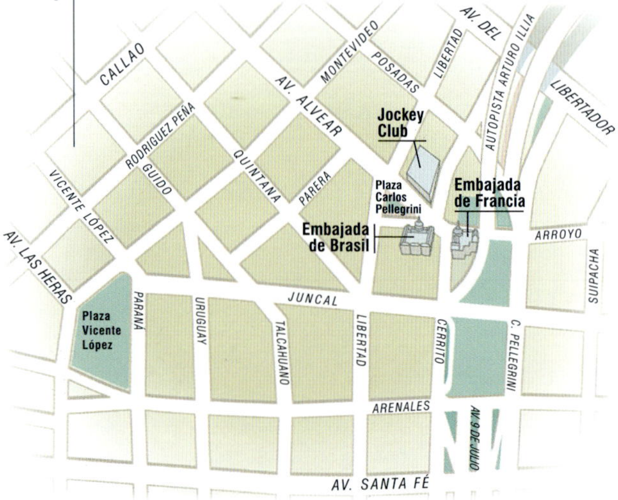

The intersection of the streets Libertad, Juncal and Quintana is one of the most characteristic spots of elegant *Barrio Norte*. For obvious reasons *porteños* refer to it as “the five corners”. Very few neighbors remember that the refined and exclusive Quintana Avenue, which begins at this crossing, was formerly called *Calle Larga de Recoleta* (Recoleta’s Long Street) and connected the Recolet priests Convent with the city, which at the end of the nineteenth century ended at the location of what is today the 9 de Julio Avenue. At the time the area was filled with small farms and villas. Quintana was unevenly wide; it had no fences and was bordered by drainage channels, which made it especially dangerous to walk at night.

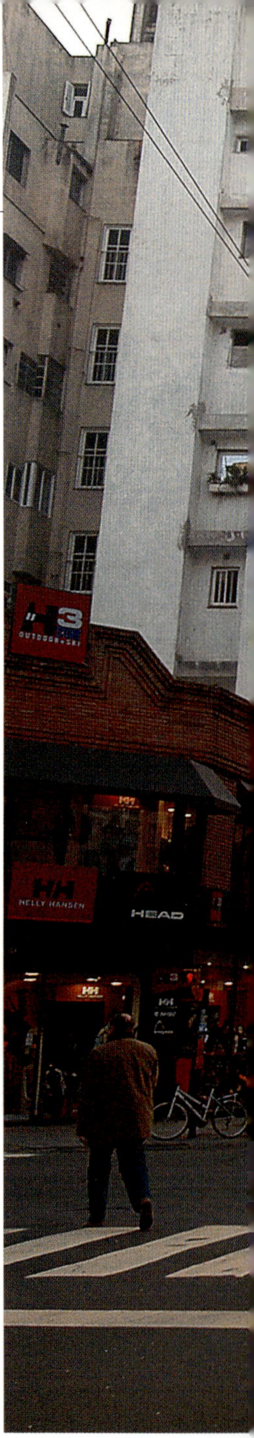

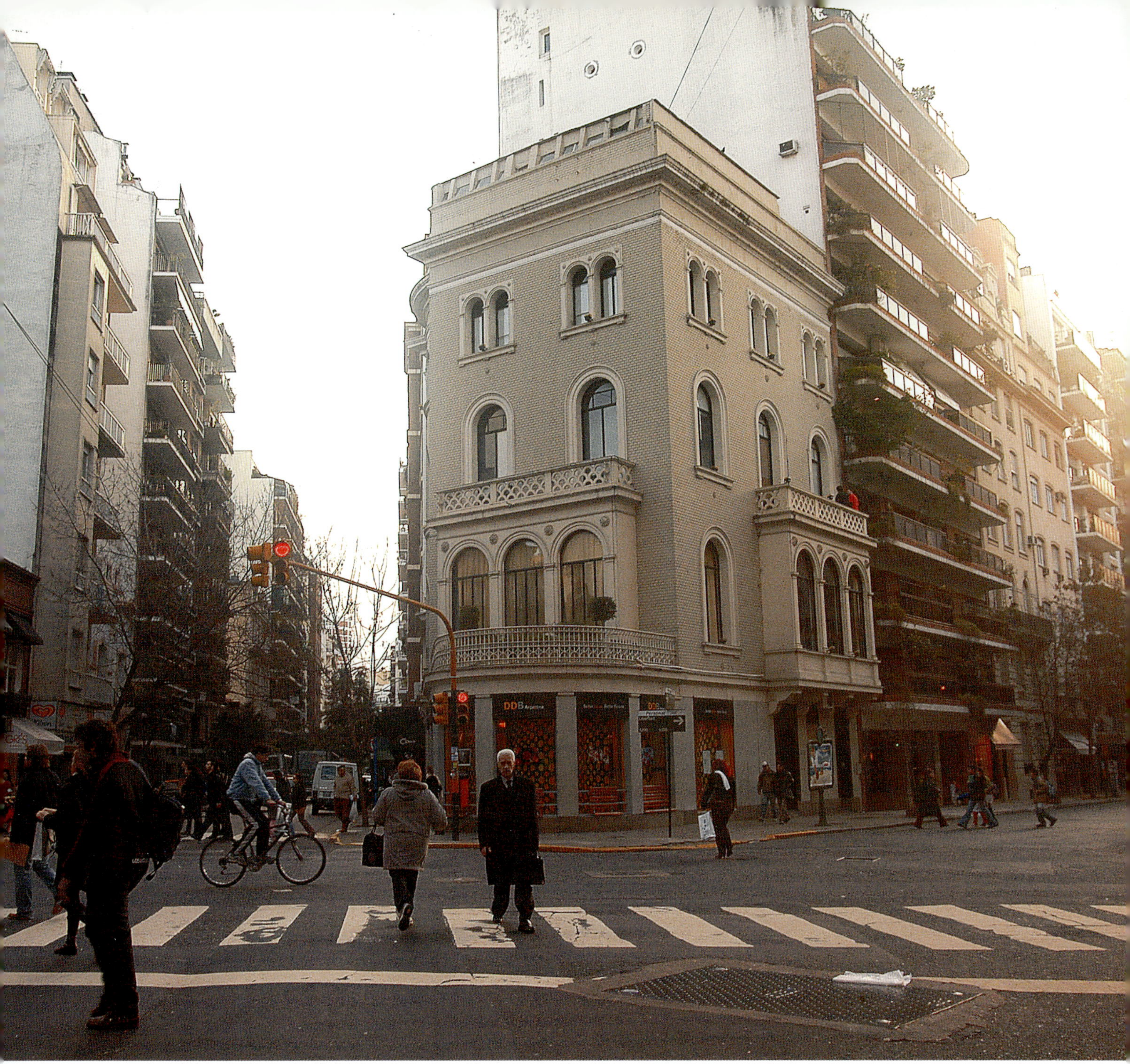
DDB Argentina

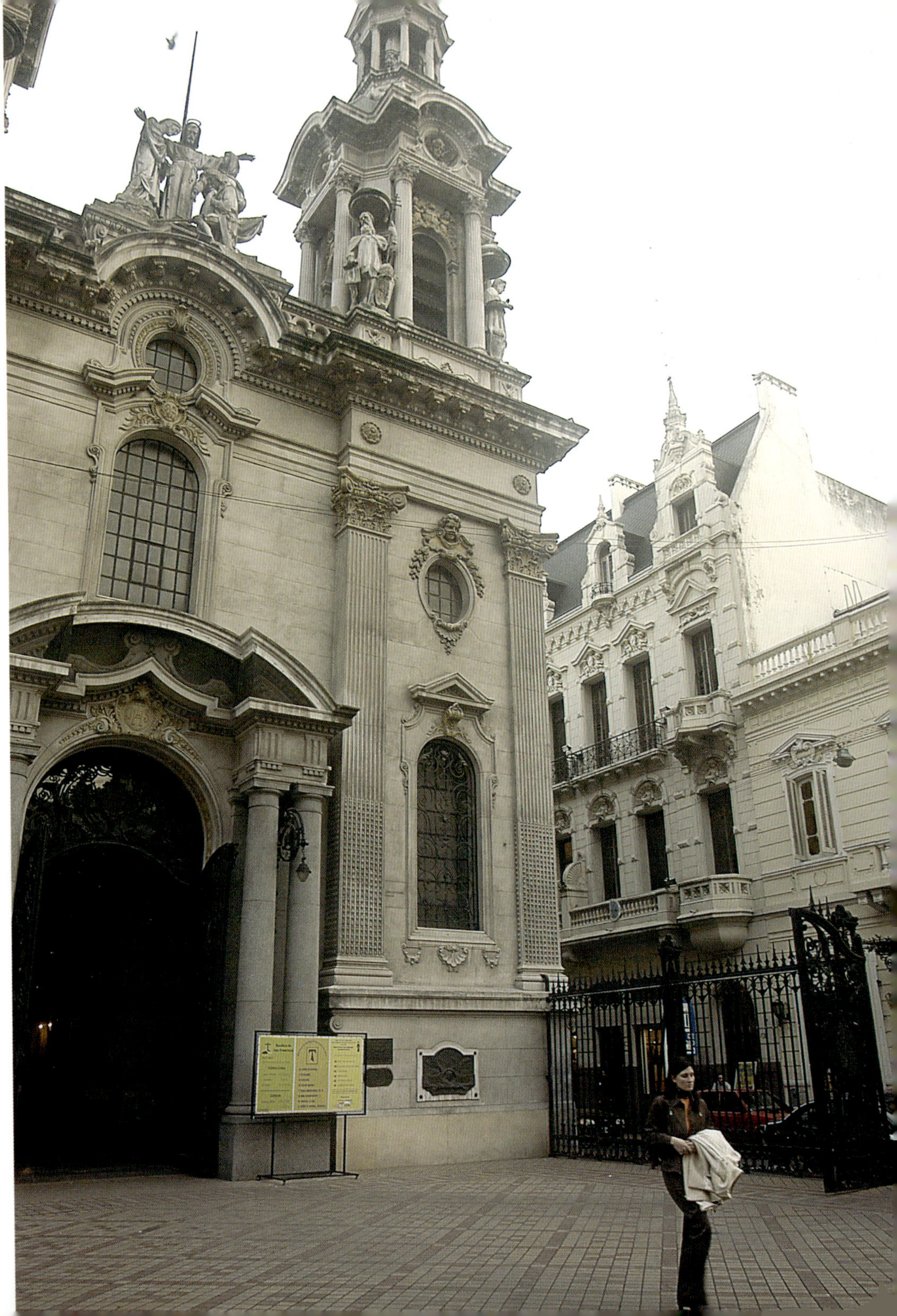

Defensa & Alsina

San Francisco

La Orden de los Franciscanos llegó al Río de la Plata en 1583, apenas tres años después de que Juan de Garay refundara la ciudad, y el propio Garay le otorgó la manzana que hoy ocupa la Basílica de San Francisco, cuyo actual edificio comenzó a levantarse en 1731. Fue reformado en 1911 y el altar derecho del crucero es el único que queda de la planta original. Resultó una de las iglesias más afectadas por los incendios de 1955 y al restaurarla, en lugar del retablo destruido, se colocó un tapiz que es el segundo en el mundo por su tamaño, después del de la Catedral de Coventry, en Inglaterra. Además, en la parte superior puede apreciarse uno de los primeros relojes de sol de la ciudad, construido en 1802 por el sacerdote Juan Alegre. También se destaca el órgano, fabricado por el luthier alemán Luis Oben en 1772.

The Franciscan Order came to Río de la Plata in 1583, only three years after Juan de Garay had re-founded the city. Garay himself gave the Order the block that is nowadays occupied by San Francisco's Basilica, which went under construction in 1731. It was remodeled in 1911 and the right altar in the transept is the only one remaining from the original construction. This was one of the churches most damaged in the 1955 fires. At the time of its restoration the destroyed altarpiece was replaced by a tapestry which is the second largest in the world, after the one in Coventry's Cathedral, in England. Above we find one of the first sundials in the city; it was built in 1802 by the priest Juan Alegre. Worth mentioning is also its organ, manufactured by the German luthier Luis Oben in 1772.

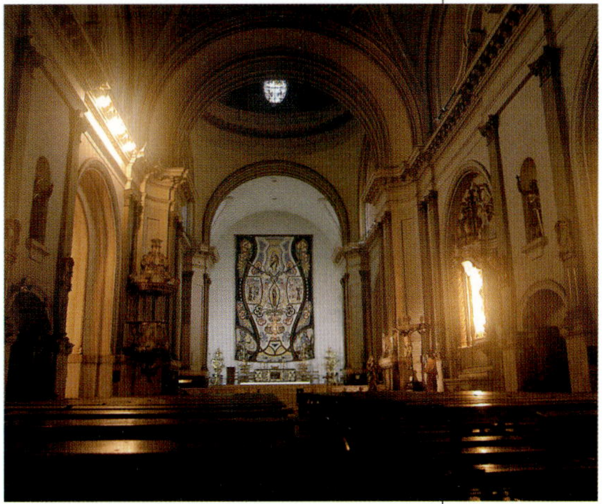

Hipódromo de Palermo
Palermo Racetrack

Inaugurado en 1876 ante una multitud de diez mil personas, asombrosa para la época, el Hipódromo Argentino de Palermo es parte indiscutible del patrimonio de la ciudad. Tenía una tribuna de madera y ladrillos, con techo de zinc, diseñada por el arquitecto Néstor Paris y en 1884 se corrió por primera vez el Gran Premio Nacional, el Derby argentino. En 1908 tomó su forma definitiva de acuerdo al proyecto del arquitecto francés Faure Dujarric. Su capacidad es para 60.000 espectadores y en sus pistas se desarrollan unas 1.300 carreras al año.

It first opened in 1876 to a staggering crowd of 10 thousand people. Palermo Racetrack is indisputably part of the city's inheritance. The stands were made of bricks and wood, with a zinc roof, designed by architect Néstor Paris. 1884 was the year of the first Argentinean derby, the *Gran Premio Nacional*. In 1908 it was remodeled according to the design of the French architect Faure Dujarric. It holds up to 60 thousand spectators and sees about 13 hundred races a year.

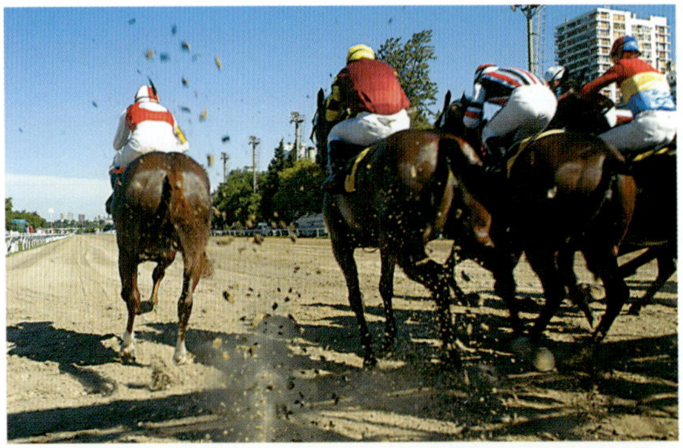

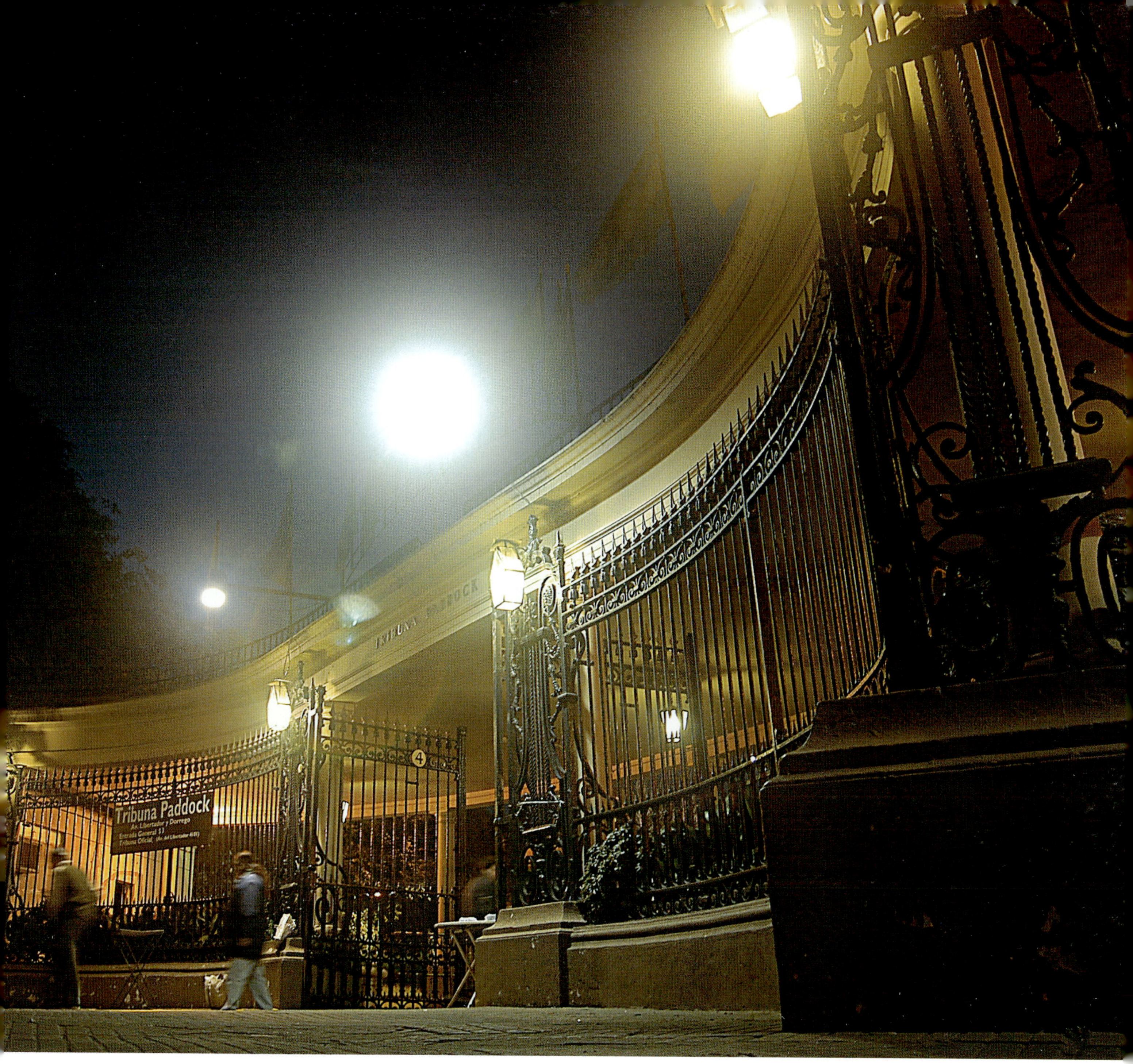
Tribuna Paddock
Av. Libertador y Dorrego
Entrada General $3
TRIBUNA PADDOCK
4

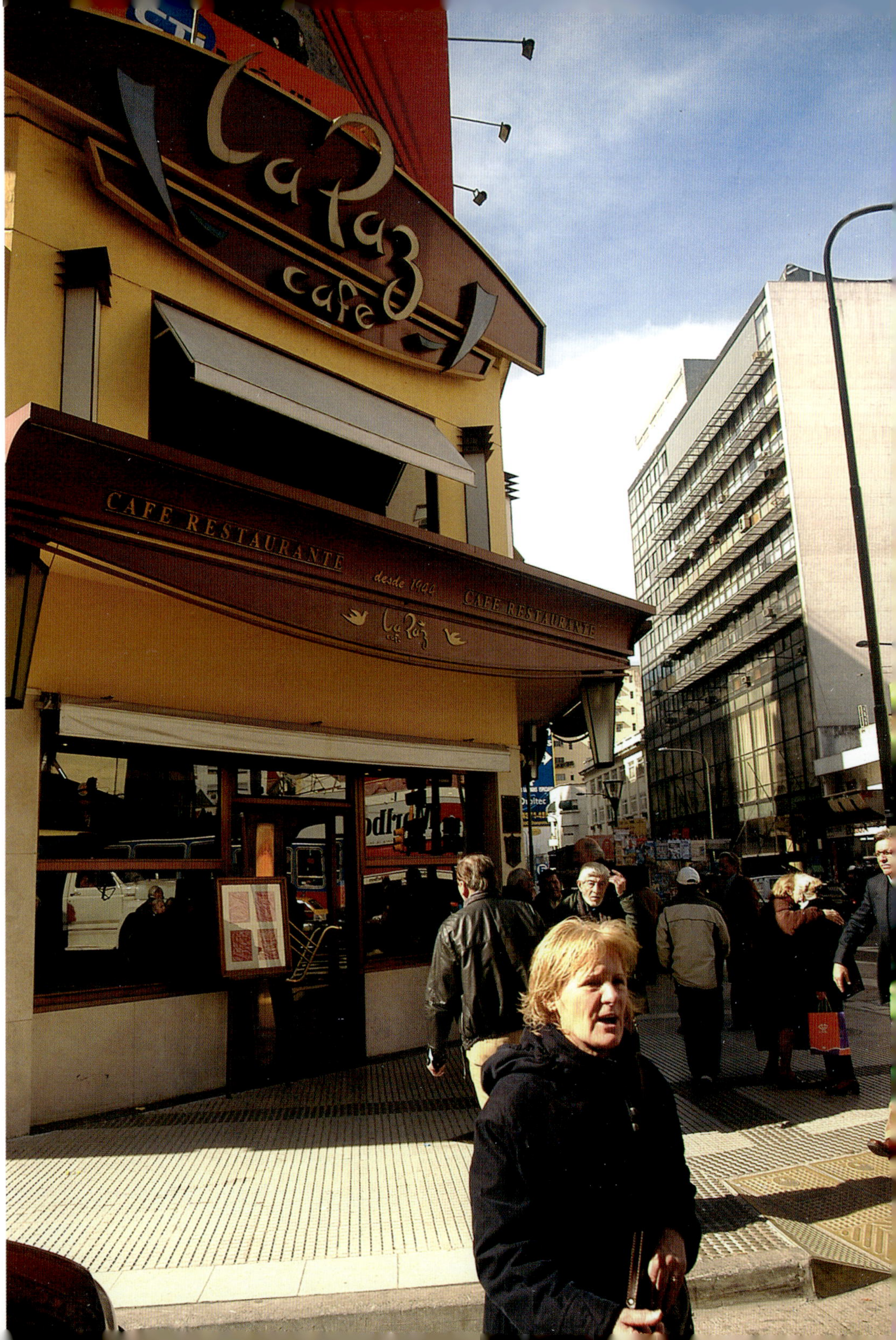
La Paz
café
CAFE RESTAURANTE
desde 1944
CAFE RESTAURANTE
La Paz

Corrientes & Montevideo

La Paz

Allá por la década del sesenta y principios de los setenta, un mandato tácito indicaba que al bar La Paz había que entrar con un libro bajo el brazo o no se debía cruzar la puerta. Fue el gran punto de reunión de los intelectuales de izquierda, un salón donde cada noche y cada madrugaba se imaginaba, entre café y café, una nueva revolución. Instalado en plena avenida Corrientes, donde en esa época las librerías permanecían abiertas toda la noche, fue el refugio natural de pensadores y diletantes, y también de aquellos que encontraban más placer en los billares del primer piso que en los debates de la planta baja. Durante la última dictadura militar (1976-1983) sufrió un éxodo obligado y vivió una segunda primavera con la vuelta a la democracia en los años ochenta.

Back in the sixties and early seventies, there was an unspoken rule that said you needed to carry a book in order to be allowed through the front door of La Paz Bar. It was the biggest meeting point for left-winged intellectuals, a place where every night and morning, over many cups of coffee, a new revolution was being dreamt. Located in the middle of Corrientes Avenue, where at the time bookstores remained opened all night, it was the natural refuge for many thinkers and dilettantes, and also for those who found more pleasure on the billiard tables in the first floor than on the debates taking place on the ground floor. During the last military dictatorship (1976-1983) if suffered from an involuntary exodus but saw a new blossoming period with the return of democracy in the eighties.

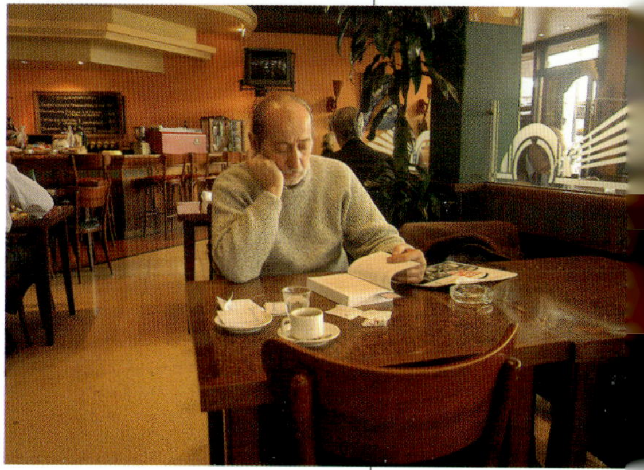

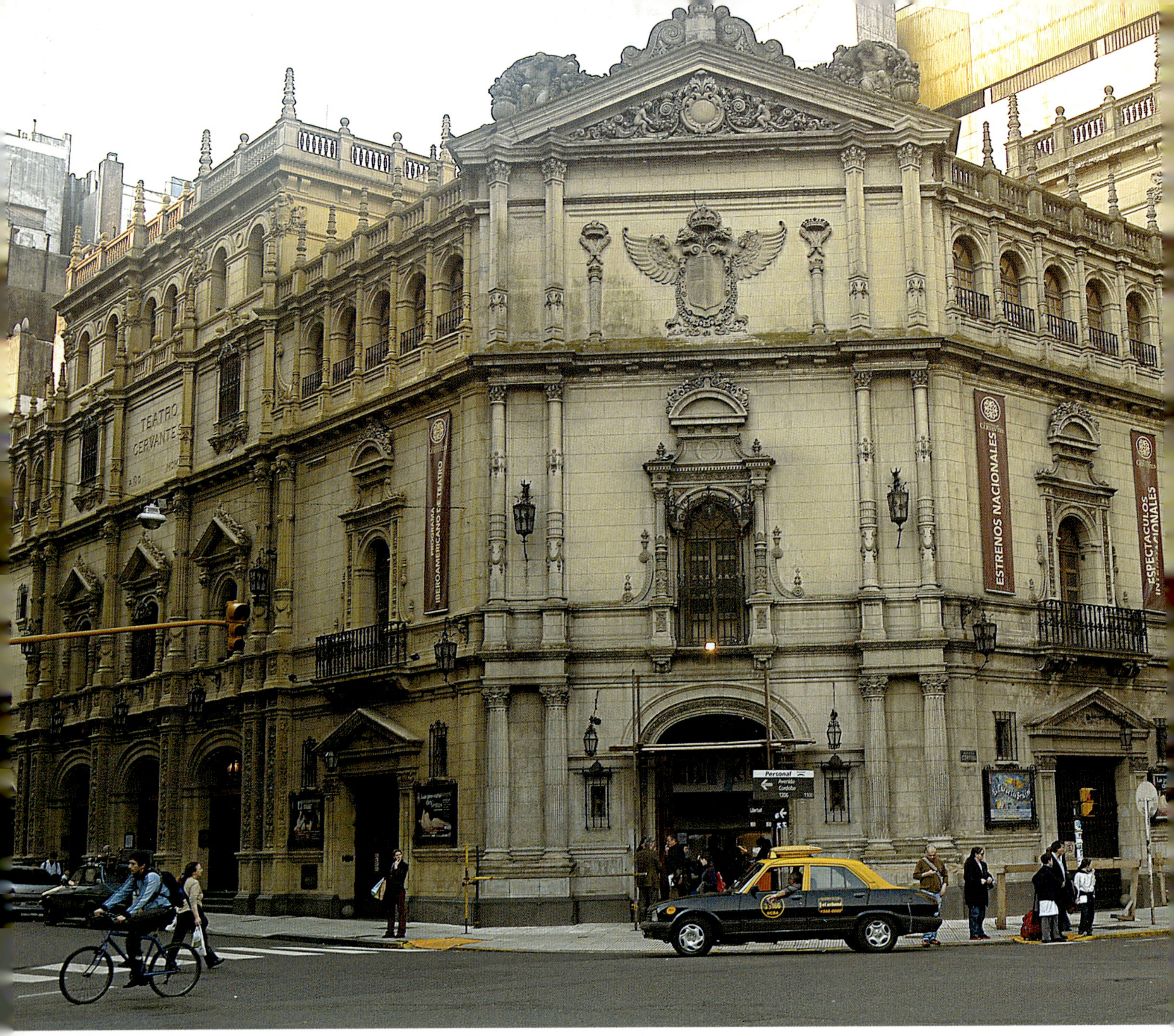
TEATRO CERVANTES
ESTRENOS NACIONALES

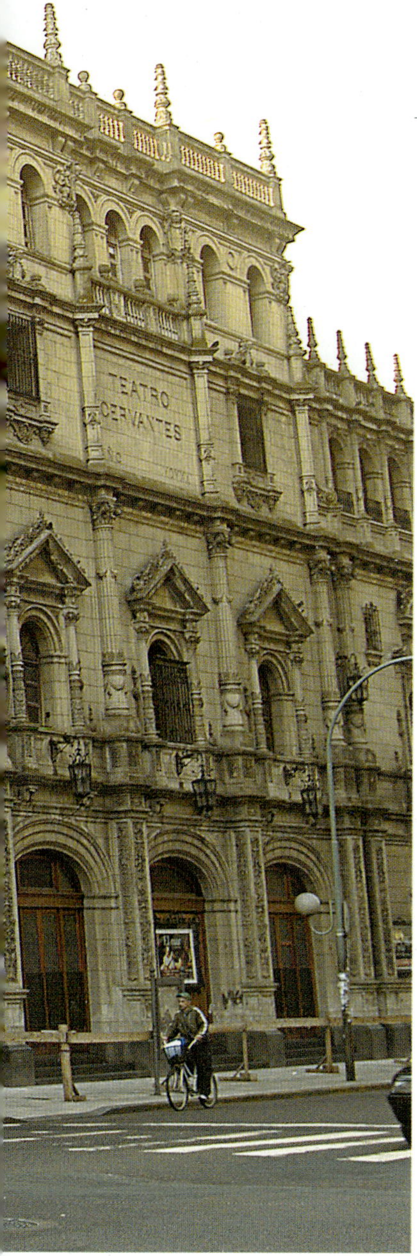

Teatro Nacional Cervantes
Cervantes National Theater

Esa maravilla que es el Teatro Nacional Cervantes se debe al espíritu de una actriz española: María Guerrero. Famosa en el Buenos Aires de principios del siglo XX, usó sus influencias y su propia fortuna hasta construir el teatro que ella creía que la ciudad merecía. Su proyecto fue realizado por los arquitectos Fernando Aranda Arias y Emilio Repetto, quienes siguieron las sugerencias constantes de la actriz, que en la inauguración, el 5 de septiembre de 1921, protagonizó *La dama boba*, de Lope de Vega. El edificio fue adquirido por el Gobierno Nacional en 1926.

The fact that the Cervantes National Theater is so wonderful is mainly thanks to the spirit of a Spanish actress: María Guerrero. Being very famous in the Buenos Aires of the early twentieth century, she used her influences and her own fortune to build the theater she believed the city deserved. The project was designed by architects Fernando Aranda Arias and Emilio Repetto, who followed the constant suggestions of the actress who, on September 5th 1921, the day of the inauguration, starred in Lope de Vega's *La dama boba (The foolish lady)*. The building was acquired by the National Government in 1926.

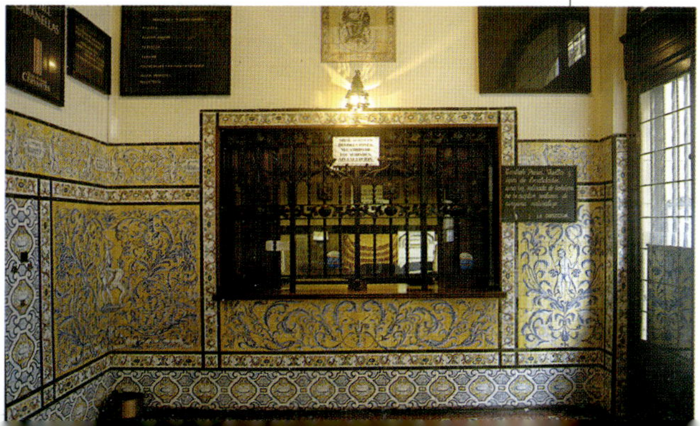

Florida & Lavalle

Peatonales
Pedestrian streets

Para sentirle el pulso a una ciudad tan grande, agresiva y sensible como Buenos Aires, no hay nada como pararse al mediodía en la intersección de estas dos calles. En ese momento, miles de oficinistas apurados salen al mismo tiempo a almorzar, y se suman a turistas, curiosos, comerciantes, artistas callejeros y otras especies humanas que convierten a este único cruce de calles peatonales de la ciudad en algo bastante similar a un hormiguero, atestado y cálido al mismo tiempo. Es una experiencia intensa, quizá no para repetir a menudo, pero que vale la pena probar alguna vez.

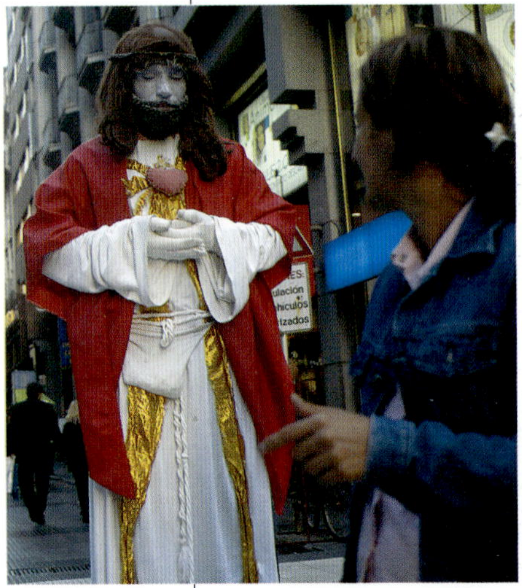

In order to feel the pulse of such a large, aggressive and sensitive city as Buenos Aires, there is nothing like standing at midday in the intersection of these two streets. It is right at this moment that thousands of rushing office workers go out to lunch and are joined by tourists, passersby, store clerks, street performers and all the other human species that make this, the only pedestrian street corner in the city, a sort of anthill, crowded and warm at the same time. It is a very intense experience, maybe not meant to be repeated very often, but definitely worth trying some time.

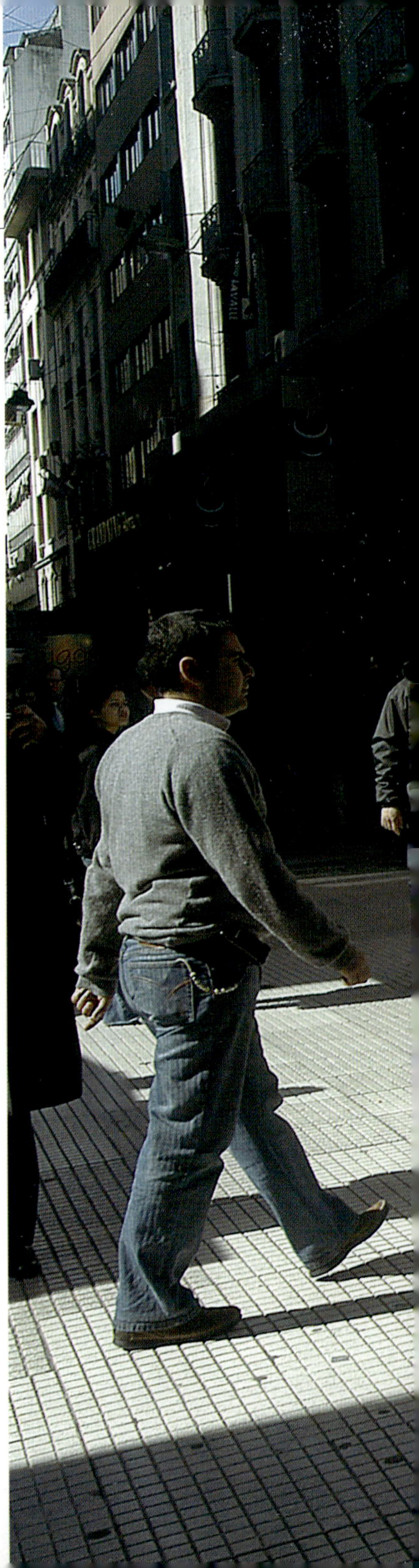

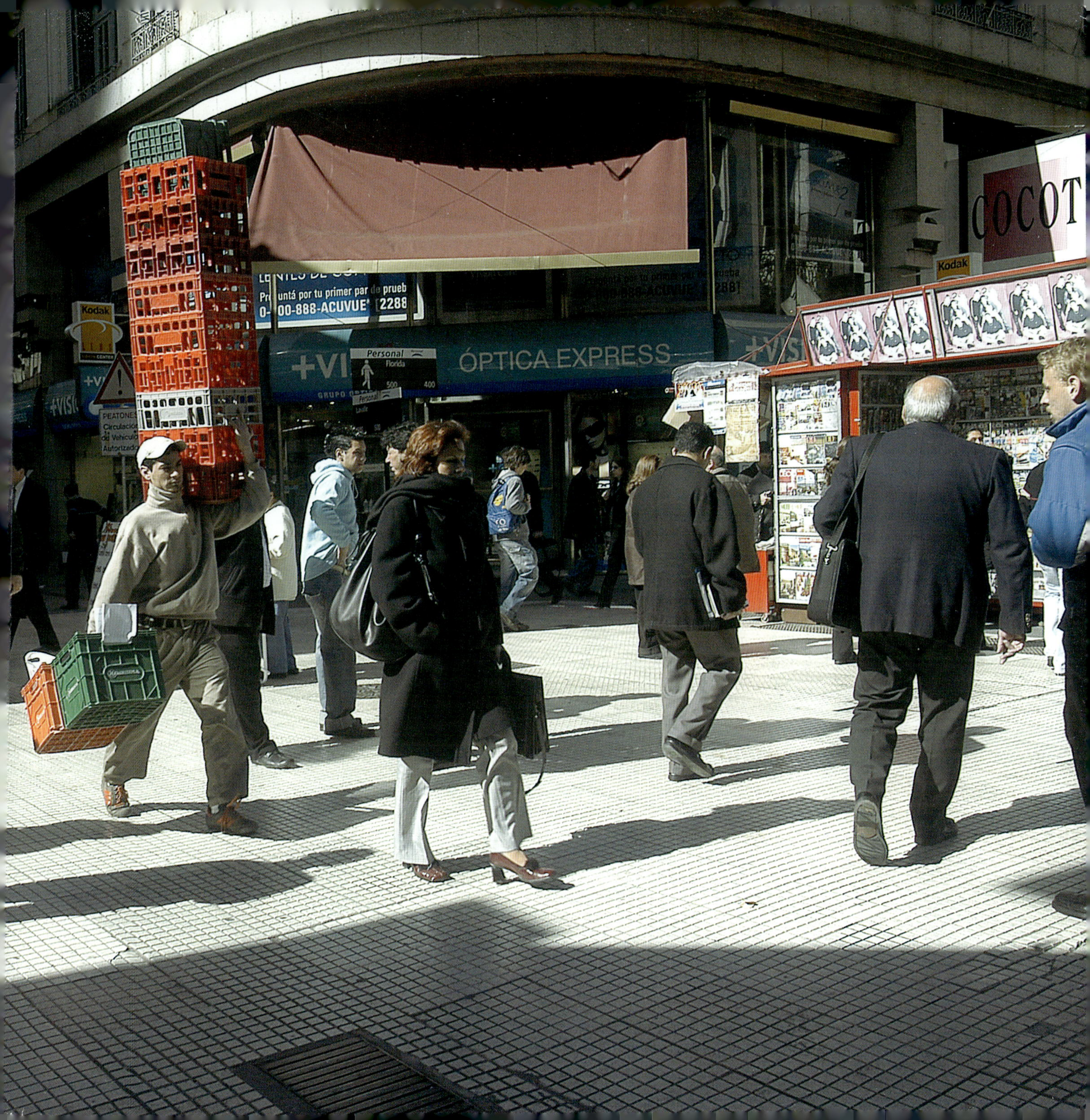
COCOT
Kodak
Kodak
Preguntá por tu primer par de prueba
0-800-888-ACUVUE 2288
ÓPTICA EXPRESS
+VI
Personal
Florida
500
400
PEATONES